大展好書 好書大展

大展好書 好書大展

社會人智囊

39

一流說服力

李玉瓊／著

大展出版社有限公司

序文

曾經聽過這樣一件事，某位能幹的公司推銷員在開始推銷商品時，事先抱著虧損的覺悟，和所推銷的公司簽訂小額的買賣契約，如此鋪路之後，再真正地展開猛烈攻勢，極力推銷商品。據他所言，一旦成功地使對方願意簽下契約，以後的交易就如順水推舟，毫不費力。

聽到這段話，不由得對那些站在經濟戰線最前端的勇士們，肅然起敬。因為，在心理學的實驗上，有報告指出「如果事先讓對方答應你小小的請求，就可以使對方對你過分的強求不再抗拒。」

譬如，曾經向你告貸過的人，再一次向你借錢時，一般人都不容易拒絕的。其實，這是敲開對方的心扉，徐徐漸進的一個謀略，心理學上稱之為「foot in the door teenie」。

在進行推銷訪問的推銷員世界裡，只要能夠敲開對方的心

☆☆☆☆☆☆☆☆☆☆☆☆☆☆☆☆☆☆☆☆☆

扉，幾乎可以說推銷已經大半成功了。前述的那位推銷員已經確實掌握住這個心理秘訣了。

這只是小小的一個例子而已，在商業界，能夠攻擊對方的心理弱點，使其陷入自己圈套的商業老將並不在少數。

面對這些千奇百怪的對手，一旦露出弱點，就註定要吃虧。為了洞穿這些詭計，使自己反敗為勝，抓住對方的要害，也許努力去鑽研各種「心理」戰術，是有其必要的。

而這些敵手並不只是存在於公司之外而已。就連自己公司的內部，也有為了使競手失足，做了許多圈套的那些不可掉以輕心的同事，為了不掉入他們的圈套，最好對於各式各樣的心理戰術有所認識。

商場看起來似乎是順著「資本的理論」在運轉，事實上多半是受人與人之間的交際結果所影響。

譬如，你多麼地希望和客户達成交易，但是如果沒有說服對方的技巧，是不可能簽訂契約的。

而且，上司與部屬的關係，並不是光憑「上意下達」的原

☆☆☆☆☆☆☆☆☆☆☆☆☆☆☆☆☆☆☆☆☆

則就可以相處得當的。縱然強制性地要部屬幹活，如果部屬意興闌珊，也不能期望有太大的工作效率。相反地，若能抓住上司的心理動向，即使是部屬也可以完全操縱住上司。

如此這般，可見商業行為是建立於人與人之間的關係上，所以，想要在商場上出人頭地，必須要能夠先發制人，確實掌握住對方的心理狀態，隨時洞察對方的心聲才是最重要的決策。

因此，本書所提供給各位的就是，在交涉的會議席上，上司支配部屬的例子，要操縱上司並牽制敵手時……等各式各樣的商場戰線上的巧妙應對手法。

本書列入演講會上經常和服務於企業界人士或經營者面談溝通的問題，並且多方收集從心理學上的實驗，以及針對各種現象所做的心理學分析當中，可以應用於日常商業行為的許多技術性手法。

如果能夠熟習本書所介紹的心理學上的商場基本原理，而且能夠活用其技術方法，相信您的工作品質一定會提高，獲得

☆☆☆☆☆☆☆☆☆☆☆☆☆☆☆☆☆☆☆☆☆☆

商業人士對您的激賞與喝采。

☆☆☆☆☆☆☆☆☆☆☆☆☆☆☆☆☆☆☆☆☆☆

目錄

第二章　出類拔萃的營業人員處世學

第三章　創造鬥志的操縱部屬心理戰術

目錄

第一章

輕易地操縱別人於股掌間的說服技巧

•會見初見面者，要接近對方近五十公分的距離

日本「文藝春秋」的前總編輯池嶋信平，在他的「雜誌記者」隨筆文集中，透露了他多年來的編輯生活感想。其中有一節說道「到初次見面的人家裡，實在令人討厭」。

雜誌記者會見初次見面的人，其機會實在不勝其數，而他在那種情況下竟也覺得心虛，甚至厭煩。甚至他還說：「到目前為止，尚不能排除內心的猶豫，坦然地去拜訪初次見面的人。」

像池嶋先生這樣的編輯，可說是身經百戰，經驗十足，卻對初次見面的人也會感到緊張，相信讀者之中，也有人到陌生的公司拜訪，會有心驚膽跳的不如意吧。

一定有許多人被內心的不安襲擊，一再的掛念著；對方會相信我的話嗎？會不會不聽我的說明就隨便支開我呢？而難以打開客戶的大門。

但是，如果和初次見面的人能夠交談愉快，這種緊張立刻就消失無蹤，因此，接下來就為大家介紹如何和對方相處愉快，變成親密的心理戰術。

像左圖所示的位置關係，讓受驗者和A及B稍做交談之後，試驗其對A與B的印象。結果幾乎是壓倒性的，一般都對A比較有好感。

予人好感的相對距離實驗

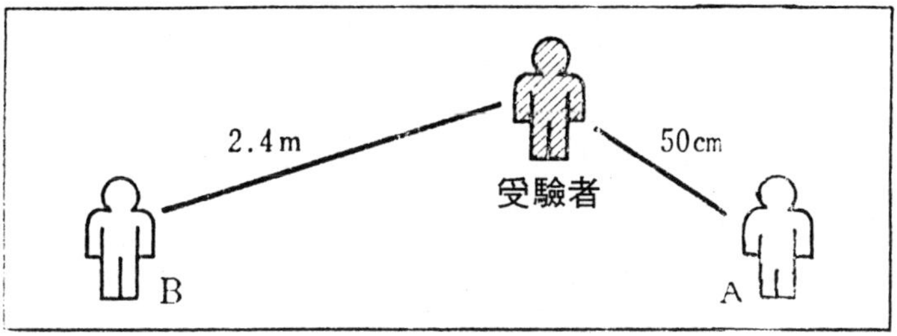

從這個實驗我們可以看出，人對於和自己在物理位置上比較接近的人，較覺得親切。而且這個間隔最好是一方伸出手來可及對方的距離，大約是五十公分的位置。

如果要應用這個心理學的實驗，一旦你有想要親近的對象，就不要老遠地打招呼，而且儘量接近對方和他噓寒問暖。

當你到一家初次交易的公司拜訪時，不要膽怯，不過也不要令對方覺得你的態度貿然失敬，直接到負責人的桌前打招呼，由於你的接近，對方會對你產生好感，自然交易的大門為你打開了。

【一流說服力1】和初次見面的人碰面時，如果能放膽地接近對方隔五十公分距離，會予對方好印象。

‧以私生活為話題，獲得信服的妙法

聽人家這麼說過。有一位教材販賣公司的超級推銷員，每次進行推銷工作的時候，一定會談起自己的母親。

「家母住在鄉下，都快七十歲了，一生就是勞苦與貧窮。每當我提起我的工作，家母就每每淚流滿面地說：『你小時候，什麼都沒辦法給你，如果那時候能買這些教材給你，不知道該有多好……』」這麼說著，藉機流露他對慈母的想念與關心。

結果，對方幾乎是百分之百都會購買他的商品。但是，據說這位推銷員所說的全是一派胡言。道德問題姑且不談，我可真是佩服這位推銷員的販賣技巧。

在心理學上，把自己的情報傳達給對方，稱之為自我開示，這個自我開示和對方的關係越來越親密時，通常真正的部分會一點一滴地洩露出來。

譬如，彼此都是第一次見面時，首先互換名片，彼此介紹來開示自己，然後再來提及自己的工作或出生地點等，一些外在的訊息互相傳遞之後，話題就活潑了。當彼此的關係越來越親密時，接著就會提到家人，工作上的問題，戀愛的煩惱等等，私生活部分從嘴裡洩露出來……於是自我開示就漸漸展開。

洩露自己的內心話，往往是和初見面的人變得熱絡的一個轉機。談自己的私生活，是表示對對方的信任，所以，對方會對談話者覺得親切感。而人就是這樣地變成朋友或情侶等親密關係。

那麼，如果能夠利用這個心理，和別人變成好朋友，其實是一件簡單的事，碰到一個對象時，先聊一些天氣或季節等無關痛癢的事情，然後再提及私生活方面的事情。如此一來，對方會以為受到你的信任而對你自然地產生信賴感。

前述那位推銷員，可以說是技巧地利用了這個心理戰術，而使他的業績蒸蒸日上。如果你也想和客戶擁有親密的關心，而且對你的工作有所助益的話，這個「自我開示」一定會帶給你成功。

【一流說服力2】以自己開示的方法向對方傾訴自我私生活情形，很容易就能獲得對方的信賴。

‧使對方刮目相看，發揮混身解數的智慧

商場界的人有下面這種經驗者，也許不在少數。當個人到公司拜訪，要求介紹自己公司商品，想和相關的負責人見面時，但對方的態度卻極其冷淡，根本無法接近。

這時只好摸著鼻子打退堂鼓，然後請一位適當的人寫推薦書，而再度拜訪時，對方的態度和初見面時判若兩人，變得極其和藹可親……。

這是因為寫推薦書的人提高了你的信用度，對方會認為既然是有信用的人寫來的推薦書，應該也有值得交談的價值。

人在對某個人下判斷時，往往會從該人的背景來評價。心理學上稱之為「後光效果」，所謂後光是指聖像或聖畫後面的榮光，或是太陽、月亮的暈輪。而有「後光」的聖像看起來比較醒目，有輪暈的太陽、月亮也顯得比平常大。於是由此引伸為，某人的背景使該人的身分提高，就叫「後光效果」。

擁有這種「後光」的人，往往在各方面比較佔便宜。譬如，老闆的兒子到公司上班，不管他的兒子能力如何，一般人總認爲他至少具備有經營的能力，而一個出身名校的社員也不論他的實

力如何，給人的印象至少是頭腦清晰的高級知識分子。

這都是因他是老闆的兒子，出身名校的背景，成為人們評價的基準，而這些「後光」就使這個人顯得醒目有份量了。前述那個帶了推薦書而獲得信任的例子，同樣也是因為介紹者成了該人的「後光」的緣故。

如果能夠利用這些「後光效果」來襯托自己，你就可輕易獲得對方的信任。

一些騙子就是利用謊稱自己是某企業鉅子、議員等的親戚爲餌，而博得對方的信任。甚至，有的謊騙自己是上流社會的人物，而使異性對自己著迷而結婚。像這類的「後光效果」在社會上造成了不少問題，不過，如果你擁有正當的「後光」不妨多多地善加利用。

假如，你擁有很好的職稱或頭銜，可以把它大大地印在名片上。縱然是不知所以然的「副課長」「副協理」對你來說就是很好的「後光效果」可以藉此獲得對方的信賴。

【一流說服力3】帶著權威人的介紹信，會使你的「後光」大為明亮，而受到相當客氣的禮遇。

另外，即使是一個並不高的頭銜，卻也有助於獲取對方的信賴。

•低沈的語調使你的說服力倍增

美國的心理學家米拉比亞認為，聽者在判斷說話者是什麼樣的人物時，對方的話語、聲調及臉孔所佔的效能比例，可以以下列的公式來表示。

知覺印象＝〔話語〕×〇•〇七＋〔聲調〕×〇•三八＋〔臉孔〕×〇•五五

換句話說，想知道說話者是什麼樣的人物時，最容易受對方的臉孔所左右，其次就是聲調了。臉孔成為判斷的基準容易讓大家理解，但是音質、聲調卻比措詞更能影響聽者，這一點倒是令許多讀者感到吃驚吧！

如果把米拉比亞的公式應用到商界，那麼要令對方注意，或者說服對方時，就必須十分留意自己說話的聲調。

根據研究報告所說，聲音大、低沈、有回音的聲調具有領導能力，同時說服力也較高。另外，報告中又指出，低沈的聲調比高揚的聲調，較具成熟與魅力，同時富有男子氣慨，能予人一種安全感。

從這些論點，我們可以明白一件事，就是在商場的交涉場面或會議席上，要儘量運用低沈的聲調，而且聲音要大。這不但可以增強說服力，同時可以使你的個人魅力提高，可以說是一箭雙鵰。

不論如何，在商場界，建議大家也能注意自己的聲調高低。

【一流說服力4】低沈、音量大的聲音具有說服力，因此用低沈的聲音交談，會給對方好印象。

●小看服飾打扮，好不容易達成的交易也會流產

最近，在年輕人當中最流行DC品牌的服飾。正確來講這是指「designes and characte—r brand」，是指某特定的服飾設計師或設計集團，設計出能夠明確表現流行特徵的品牌。這個DC商品，在不景氣的流行業界，宛如福星出現似的，帶給業界美好的暢銷實績。

為什麼年輕人會這般地對流行開始產生興趣呢？主要的目地是要配合女朋友的品味。因為如果對方是高品味，男性打扮得邋裡邋遢，會變得格格不入。

交情好的情侶，對服飾的品味會越來越相似，而男性就是注意到這一點，意圖使女性產生好感而極力配合。

這些年輕人的心理，以學說來分析的確是達到了目的。因為穿著和對方類似的服裝，在心理學上就是和對方站在同一陣線的表示了。

如果把這種「服裝的心理」應用在商場界，那麼當你拜訪客戶的時候，儘量能穿著和該公司的氣氛能搭配的服裝是最好的了。

每個公司的服裝格調都不相同。有的公司是個個西裝筆挺，看起來嚴肅有個性，而有的公司

是輕裝便服，看起來自在活潑。

如果你能夠配合顧客的公司格調來穿著，你同樣可以在心理上和他們達成協調，這麼一來，你事實上已經成功地獲得對方初步的信賴了。

在心理學上有一個報告說，如果你的穿著不合場面，會造成自我意識過剩，如此一來，本來進行相當順利的交涉，也可能化成烏有，不要一味地小看一套西裝有什麼了不起，最好在細微處也要留神點。

【一流說服力5】穿著和對方搭配，就可以獲得信賴，不合意的打扮會造成自我意識過剩，對商業往來會造成反效果。

•讓人信服你的能力的穿著原理

曾在報上看到一則消息，某家教材販賣公司的推銷員，以自身體格的魅力，發揮到極致的做法，而使他在街頭推銷的業績蒸蒸日上。

如果把他的技巧，用一句話來形容的話，就是「使人著迷後再說服他」。也就是以說話的技巧，使自己散發出魅力，再說服對方簽下買賣契約。

有一位年輕貌美的女推銷員，她推銷化粧品的廣告詞是「用了以後會像我這樣哦！」結果業績直線上昇。

多麼令人羨慕啊，不過世界上就是有不少人利用自己本身條件上的優點，活用在自己工作上的。

美國有一位心理學家曾針對身體的魅力會給予對人評價上有何影響這個問題，做了這樣的調查。在美國薪水的多寡大半是在任用考試的面談時就決定了。

於是以匹茲堡大學畢業生的首次薪水與其個人身體特徵的關係做了調查，結果發現高個子的人薪水比較高。

。

具有魅力的人有助於博得別人對自己的信賴。不過，不光是與生俱來的魅力，就連服裝也是同理可證。假使你穿著一套縐巴巴的西裝或一雙破敝的皮鞋，在工作上一定會有許多的阻力。

不管你的內在如何，總之在外表上要儘量打扮得整齊清潔才好。彎彎扭扭的領帶及骯髒的鞋子穿載在身上，可以說是無法獲得別人的信任的。

【一流說服力6】注意自己的鞋子、西裝及領帶等服飾，就能使自己的評價有所差別。

•消除緊張的妙法

前些時候在東京舉辦的高峯會議上，出現了這樣一個場面。日本外相安倍晉太郎在面對外國記者群時，想回答某個問題，卻突然大叫「議長！」。

主持受國際矚目的高峯會議，卻因為過於緊張，而把平常在國會要求發言時的習慣嚷了出來。

這時候，外國記者們都不知道發生什麼事，個個呆若木雞，唯獨參加記者會的日本記者們，哄堂大笑。

連身經百戰的政治家，也會在人前緊張得出糗，所以身為職員的你，在困難的交易會議上會產生緊張也是必然的。但是，會在意緊張的人，其實是可以放心的。

在心理學上，認為容易緊張的人，多半都是認真型的居多，這種人具有強烈的完美主義傾向，由於不願意在別人面前現出糗態的執著非常強烈，所以才會陷入於極度的緊張。

執著的把持如果能持續，一般都會有越好的成果。但是，如果過於強烈反而會因此自掘墳墓。因此，如果把執著的念頭適當地調整，緊張應該也可以得到紓解。

譬如，在心裡面自己提醒自己「結結巴巴也不管了，只要對方能了解就好」或者「失敗也罷，試試看就對了」，這樣給自己一個緩衝，反而多半會使結果或交涉變得更好。

諸如此類「失敗也是效果」的原理，在商場界應該儘量地活用。當然滿懷鬥志地認為「訂契約乃是身負的使命」也可以，但是這樣會使你的責任感過於強烈，而導致緊張。反而在心態上放一個標竿「也許順利的話就賺了」，這樣說不定會更具效果。

另外，有的人則是具有「把學習的結果展現在他人面前也無妨」。換句話說，在做自己熟練的事時，即使是衆人面前，因為有自信所以也不會失敗。

在電視的棒球轉播中我們可以發現，第一次參加正式比賽的年輕選手，由於極度的緊張，幾乎不知道自己打了什麼樣的球，或者是投了什麼樣的球。

但是，一旦參加了幾次的比賽，慢慢就習慣了那種緊張情緒，終於可以把實力發揮到極致了。

如果你想要消除緊張，除了讓自己習慣於這種緊張的情緒之外，別無他法。如果害怕而光是逃避，是沒辦法解決根本的問題。

當你可以克服緊張的情緒時，你在工作上就可以輕易地擊出「全壘打」了。

【一流說服力7】認為「失敗為成功之母」將自己執著的基準調低，在交涉場就不會發窘。想要根本地消除發窘，只有習慣於強烈的緊張而別無他法。

•對象是「單純型」，仔細的遊說反而失策

推銷商品有下面兩種方法。因為無論那一種商品都有它的缺點，你不妨坦白地直說，但是加上一句「不過這個東西有這麼好的用處，……」用對比的方法，使商品的優點顯現出來。另外一個方法則是，不要提到商品的缺點，針對其優點來說明，廹使對方下判斷。

這些方法，以專門的術語來說，前者是傳達訊息的雙面提示，而後者則為單面提示。這個雙面提示與單面提示，在什麼樣的場合有什麼樣的效果呢？

以心理學的實驗看來，對象若是教育水準較低的人，要利用結論明快的單面提示，而若是高學歷的人，則利用下判斷時理論明快的雙面提示效果比較好。

由於對象個性的不同，其效果也不一致，還在另外一個實驗上可以得到証明。有的人由於缺點公諸在前，而對談話的內容增加了信服感，有的人則因此而大大地降低了對它的評價。在這個單元裡就為大家介紹這樣的實驗。

讓受驗者依序看下面所拍攝的某女子的照片，然後讓他對該女子做個評論。

①女性在賓館前被某男子叫住，而後一起並肩而行的場面，以及進入一家飲食店碰到另一名

男子，和該男子一併走入劇場的情景。（不太令人愉快的照片）②在街上和某女子碰面，邊走邊聊的畫面。（中立場面的照片）③幫助橫倒在樓梯間的女子的情景，以及在街角施捨給流浪人的畫面。（令人可喜的畫面）然後調查受驗者看了這些照片後的印象，發現大概分為兩種典型。其一是把①②③相互矛盾的畫面連結在一起而下判斷的「綜合典型」。另外一個則是以單一個場面在評價該女性而不管其他畫面的關連性，是所謂的「單純典型」。

單純化典型的人，可以說對於矛盾性的情報，較欠缺細膩處理的能力。因此，對任何事物都喜歡正反面的評價。這種典型具有下面這些特徵。

①喜歡和有權威性的人物親近②對於不太熟悉的人會反駁、討厭，或懷著偏見③碰到模棱兩可的事件時，就心神不定④對於自己所屬的團體給予極高的評價，而對於其他團體則一概漠視⑤對於任何事物都以「好—壞」兩個極端來評價。

如果你的交易對象是這類單純化的人時，用雙面提示的推銷法，只會招來混亂而已。用單面提示反而較易達成目的。

【一流說服力8】對於權威主義的人，或者思考模式單純的人，不要提供給他太多的情報反而容易說服。

•使別人對自己產生關心的謠傳方怯

沒有比說別人閒話，更能引起興趣的話題了。而這些謠傳八九不離十，一定會傳到當事者的耳朵，似乎是世間的常理。

「這話只在這兒說而已……」縱然你事先做了說明，聽的人並不會為你守口如瓶的。有不少人因為逞口舌之能，甚至把飯碗都給丟了，因此不必要提醒，大家也應該謹慎才是。

但是如果你能反過來利用謠言傳到當事人耳朵，而博得對方對你的注意，不很省事嗎？換句話說，你只要把想傳達給你的目標的意念，說給第三者聽，那個人自然會為你把訊息傳達給你的目標了。

那麼，要實現這種效果的謠傳技巧，哪一種最具功效呢？有一些可供做參考的實驗，就為你們介紹如下。

心理學家阿羅森與琳達二人，先設定受驗者聽到自己的謠傳，再根據謠傳的內容，確認自己對謠傳自己的事情的人，抱持著什麼印象。

謠言之中，有下列四種情況。

先貶後褒效果最佳

①從頭到尾不外乎「聰明」「值得敬重的人」「獨具魅力的典型」之類褒獎的內容。

②開始是「不會說話」「普通平凡的人」「不怎麼文雅」之類毀謗的內容，接著是和①一樣的讚美詞。

③從頭到尾都是在謫毀對方的內容。

④開始先誇獎一番，接著再毀謗。

這四類型當中，最能予人好印象的是第②類的內容。

換句話說，比起那些一味讚美自己的人，先貶後褒的人較容易給人好感。

理由是最初的毀謗會給整篇談話的內容帶來客觀性，而後半段的褒獎則能滿足對方的自尊。

而最予人壞印象的是第④類型。這種型的人會很嚴重地傷害到對方的自尊，是最令人不悅的。

如果想要利用謠言來吸引對方對自己的關心，就必須讓對方能獲得好印象，一開始可以混雜一些批評的內容，再刻意稱讚對方。

當然，如果傳話的人別有居心，也可能只傳達你批評的部分而已。所以，批評的內容最好是無傷大雅的內容才好。

譬如，你碰到了你正想與之簽訂契約者的同事，要立刻做下伏筆說「貴公司的A先生實在是有一點頑固啊……。但是看起來負有自信與責任感，我們這邊也覺得安心多了。而且蠻有一點人情味的啊！」

如果這段話立刻傳到當事人的耳中，你就可以吸引住交易對象的關心了。

【一流說服力9】想要利用謠言意圖吸引對方的注意的話，不要滿口的讚美，加一點批評再讚美更具效果。

●窮究對方的不安，即能令對方慌忙的簽約

到拍賣的地方一看，每個人都是一副非買不可的模樣。因為看到和自己一樣的人有如山海似地蜂擁在商品堆裡，心想「這麼多人來買，定是又便宜貨色又好，一定可以挖到好東西。不早一點買，恐怕會讓別人搶了先……」。

每個人都具有採取和自己同樣立場的人一致行動的傾向。心理學上稱自己所屬的集團為基準集團。希望和同屬於這個集團的人有同樣的表現，是人的強烈渴望。

如果能夠確實地掌握住這個心理現象，對推銷員會有非常大的幫助。譬如日本人大家都認為是屬於「中流」的基準集團。

而中流社會的人大家都擁有轎車、錄影機、電子微波爐等家電用品，所以你的廣告詞只要叫嚷著「任何一個家庭都使用這個哦……」，一定可以十足地發揮銷售的能力。

諸如此類，想要和別人採取同樣行動的做法，在專門術語上稱做同調行動，如果能夠趁機攻擊想要採取同調行動者的心理弱點，在商場界的各種場面，可以成為相當助益的武器。

在商業界，能夠攻擊對方的心理「洞穴」，交涉就能開始往自己有利的一邊運轉。想要採取

同調行動者的心理傾向，也屬於這種心理「洞穴」之一。利用每個人想要採取同調行動的傾向，使你的要求能讓對方接受的方法，一定可以使你的工作成績節節高昇。

【一流說服力10】刺激對方的同調行動，會使你的交涉順利進行。

‧隱約樹立第三者的存在，使其恍若實在的技巧

現代劇的創立者易卜生的名作「布偶之家」當中，主角羅拉覺醒於女性解放的思想，但是和持相反論調的丈夫荷魯瑪之間因此產生了極大的代溝。於是羅拉便陷於是該回到家庭？還是自立爲生的糾葛之中。

最後，羅拉終究對丈夫極端憎惡而決定了自己的人生。這個心理劇可以用心理學者海達所提倡的平衡理論來解釋。

根據海達的說法，人經常有追求安定的人際關係的心理。他把這種心理用下面的三角形圖樣來說明。

譬如，剛開始羅拉是深愛自己的丈夫，所以羅拉和丈夫之間是「十」的關係。再者，她主張女性解放的思想，所以也是「十」。但是，丈夫卻反對它，所以他們之間是「一」的關係。（參考圖1）

把這幾個關係綜合起來變成「一」的關係，不過，據海達的想法，這種不安定的人際關係，每個人都想盡辦法使它變成「十」的關係。

為了想使整體變成「十」的關係，羅拉必須放棄女性解放的思想，使她們之間的關係成為「一」，或者和丈夫斷絕關係變成「一」。而最後羅拉是捨棄丈夫，而選擇了自立的道路。

這個平衡理論，平常是把自己設定為P，別人設定為O，成為對象的思想或人物等以X表示。如果能夠明瞭這個理論，在交涉等場合，會有助於你說服對方。

譬如，對方不相信你的話時，你就提出對方所信賴的第三者，「A先生也這麼說哦」，那麼

平衡理論中的人際關係圖

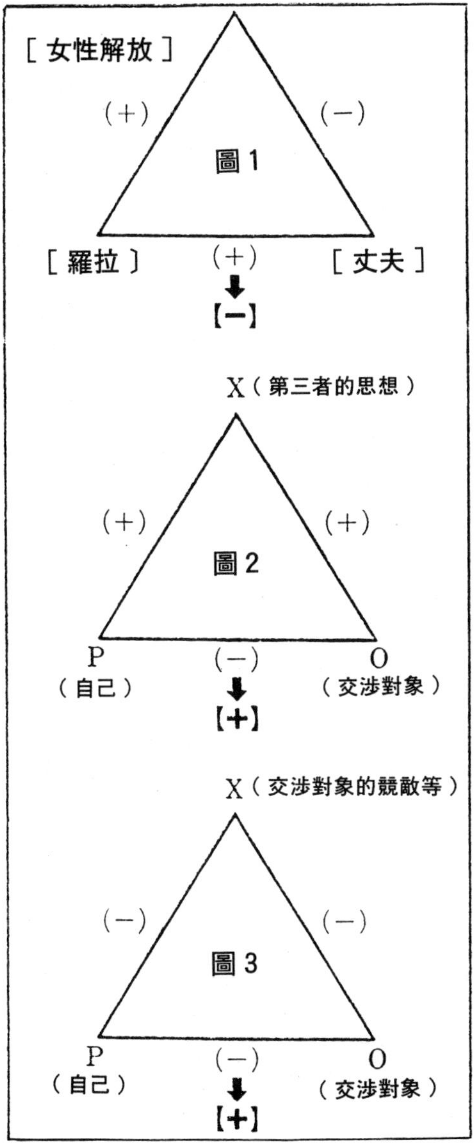

就會變成圖2的關係，使對方陷入不安定的心理狀態。

不久，「A先生這麼說的話，大概錯不了」於是採納了你的意見，使「一」關係變成「十」關係，交涉就成功了。

如果O對第三者的信賴度越高，效果即越強，所以事先準備好這樣的人物就萬無一失了。而對方到底信任什麼樣的人物或認同那一種思想，要事先調查淸楚，如果預備功夫做得妥當，應用這個平衡理論來輔助商場上的交涉活動，一定是事半功倍。

另外，對於對方所厭惡的人，你可以大肆批評。你否定那名人物，對方必定對你產生好感。（圖3）

擁有共同朋友的人，縱然關係疏遠，遲早也會變成好朋友。同時，彼此都憎惡某一個人時，雙方也會是意氣相投的伙伴。

這些都可以用平衡理論來解釋。當然每種例子是無法一一用圖解表示，自己要懂得領會才行。

【一流說服力11】適時適宜地說出第三者，應用平衡理論就可以博取對方的信賴。

•使用強烈的「恐嚇」手段不見得會有好效果

心理學家傑尼斯和費敍巴哈二人，以四組高中學生為對象，建議他們為了口腔衛生要刷牙，並使用良質牙刷。對其中的三組高中生，以（四十三頁圖表）三個等級的「恐嚇」手法來實驗。剩下的那一組完全不加以恐嚇。

然後，再對這些高中生做追蹤調查，發現受到「強烈」恐嚇實驗的那一組學生，反而不比「稍微」受恐嚇的那一組學生馴服實驗者的建議。

受到「強烈恐嚇」的那一組學生，在實驗完後，從心理測示上發現他們非常擔心蛀牙以及牙齦上的疾病，但是卻很少人按照建議的事項進行。

從這個事實我們發現，在說服別人的時候，縱然可以造成對方心理上的緊張，卻欠缺說服的效果。

而在實驗完一個禮拜後，再次集合這四組學生，並且說「不論使用那一種牙刷都沒有關係」意圖和以前所說的話互相矛盾。

結果沒有受到恐嚇的人大多數贊成，而受到恐嚇的人都紛紛發表異論。尤其是「稍微恐嚇」

的那一組持反對意見者最多。換句話說，以前所說服的效果強烈地起了作用。

從這個實驗我們明白一件事，越是「輕微的恐嚇」越有效果。在商場界經常可以聽到「不趕快進行這件事，我可不負責哦」之類恐嚇對方的話，但是如果做法過於強硬反而會招惹對方的反抗，造成反效果。

這麼一來就無法避免交涉破裂了。有的人看到對方優柔寡斷而心裡乾著急，於是不自覺地說了一些不該說的話而造成交易失敗。在這個節骨眼，要強自忍耐，慎用詞句才是最重要的。

適當的嚇阻說詞最具有說服效果，大家務必想一想這一類的妙詞，銘記在心以應付萬一。

【一流說服力12】使用恐嚇的手法來說服別人時，輕微的恐嚇比強烈的恐嚇較具效果。

「恐嚇」實驗中所採用的刺激法

	「強烈恐嚇」	「適度恐嚇」	「輕微恐嚇」
論點的內容	平日怠於刷牙、清潔口腔，就會感染可怕的口腔疾病，造成蛀牙、牙齦潰爛，痛苦難當，非治療不可。甚至有的還會造成癌症、中風。	平日懶於刷牙、清潔口腔，會引起蛀牙，而併發口腔紅腫、牙齦發炎等毛病。儘可能去看牙醫生，把牙洞補好。	不勤於刷牙，保持牙齦清潔，會造成蛀牙，所以，平常要注意口腔的衛生。
說服的程度	利用幻燈片或照片圖示嚴重蛀牙、牙齦潰爛、口腔紅腫等痛苦的情形，意指你也會變成這個樣子。	簡單地陳述事實，並使用並不太嚴重的口腔患者的照片，意指一般人會變成這個樣子。	用X光片顯示蛀牙的情況，或者用牙齒並不太壞者的照片，意指一般也許會變這個樣子。

・使對方覺得「滿足感」的說服術

曾經有一些健康器材的推銷員，抱著笨重的器材到各公司推銷。他們的推銷辭不外乎「您先試用一段時間看看」或者「免費讓你使用幾個禮拜，您滿意再買沒有關係」。這種方式的推銷方法，以心理學看來的確是個妙招，讓人不得不苦笑接受。

和他們一樣地，化妝品免費贈送試用品，糕點廠商在街頭讓顧客試吃，目的都是要讓顧客實際去體驗。

心理學的報告有言，體驗可以產生說服的效果。從事推銷工作的人可以從工作經驗中得知這個事實，於是經常利用顧客親自體驗的方法，之後才展開強烈的推銷術。

在美國做過這樣的實驗。讓一群愛抽煙的女大學生，扮演因抽煙而患病的內科患者，接受扮演「醫生」的實驗者檢查。

「醫生」對「患者」做了X光線檢查之後，告訴「患者」已經得了癌症，並且還告訴他手術所造成的疼痛，以及手術後的處理工作等等。這個實驗的目的是要讓扮演「患者」的女大學生對吸煙產生恐怖感，讓她們體驗身為真正的患者的感受。

這個實驗之後，調查這些受驗女學生的反應，發現大多數的人不是在實驗之後戒煙就是節煙了。而且一年半後做追蹤調查也是同樣不變。

扮演一個特定的角色稱為「roll playing」（實驗參與）讓一個人做實驗參與的表演時，往往會有和該人物合為一體的傾向。

在這個實驗，因扮演癌症患者，使得女學生對抽煙的禍害有了更深的認識。

體驗的確能夠發揮強烈的說服力。如果欲使你交易的對象也扮演一次「roll playing」，你一定可以在工作上增加了不少說服力。

譬如當你要求前去簽約時，你可以這麼說：「如果貴公司簽了這個契約，一定成為商場衆所矚目的目標。首先，敝公司的設備器材運送到貴工廠，派遣工程師前去說明。當貴工廠使用這套器材時，生產力就會提高十五％，貴公司一年的利潤就可提高七％了。」讓對方從你的說詞中親自體驗如果簽了契約後，可能有的發展與變化。

而且本來對你的說明一概不理睬的人，由於你讓他從話中有模擬式的體驗，所以，對方一定會愉快地答應你的要求。

【一流說服力13】讓對方模擬體會到如果簽下契約後，工作會有什麽具體性的發展，就容易使他首肯。

‧「回扣越多越好」乃是常識裡的謊言

一般認為既然是賄賂，數目應該是越大越好。我卻不以為然。

因為如果從心理學上「認知性不協調」的理論來看，人的良心其實是用很便宜的代價就買得到的。

心理學家菲斯提甘和卡爾史密斯二人，對於違背良心說謊的心理，要下面的實驗來確定。

首先讓受驗者從0到9這一列數字中，去掉5和7，這個非常無聊的作業卻要他們做一個鐘頭。

然後要求這些人告訴鄰室等待受驗的人說「這個實驗非常有趣」，並且給他1美元或20美元當作酬勞。換句話說，受驗者被金錢收買去說謊。

當實驗結束後，問他們這個作業有沒有趣？結果拿了1美元酬金的大多數人都回答有趣，而拿了20美元的大半卻回答無聊極了。

他們同樣地違背了良心與信念說了謊話，但是對於實際的作業的感想，卻因為各人所拿報酬的不同，而顯現出這麼大的差距。

這是因為那些只拿了1美元就必須說謊的人，對於自己竟然能以便宜的價錢出賣良心，感到

極端的不快，所以想要把自己的不快和自己所做的無聊行為之間產生的不協調消除掉。

於是，實際上無聊的行為，卻故意回答說「有趣」，把謊話強說是事實，使自己說謊的行為得到一個合理化的解釋。

另一方面，拿了20美元的人認為獲得這麼多報酬，說說謊也是無可厚非，所以自己並不覺得並不妥當，因此，謊話就是謊話，自己倒能很坦白地說方才的行為是「無聊的」。

從這實驗看來，良心是幾塊錢就可以買得到的，不過，要讓對方覺得受之無愧的話，報酬較低反而較具有實質效果。

在企業界奔走拼命的人，不論是願意或不願意，有時候也必須送人回扣或者禮金。

這時候大部分的人都認為越多錢越有效果，但是，如果想要讓對方不走漏風聲，儘量是越少錢越好。

【一流說服力14】工作上的回扣或報酬金，事實上金額少反而沒有後顧之憂。

●懂得「點頭」技巧的人可以操縱對方的談話

一位經常在電視節目中，解說運動員心理的心理學教授，常說：「每次錄影的時候總叫我捏一把冷汗。」

因為，放映在電視上的畫面，只有教授一個人做解說而已，導播只有一開頭提示一個問題，接下來就悶不哼聲了。

當錄影機開始轉動的時候，教授必須一個人唱起獨角戲。平常談話，聽的一方總是會「是的」「對啊」等等地附和搭調，但是這時候卻沒有一個交談的對象，所以，不能出聲的導播只能搖頭擺首地和教授交換訊息。

但是，導播又不能全憑教授的想象來演出，所以，他的動作就顯得異常誇張，導播的模樣實在是滑稽，教授總是按捺住噗哧而笑的窘態做解說。

點頭的動作一般都是出自於無意識的反應，所以很少人會去在意它。

但是，在交談中，點頭的動作實在佔了相當重要的地位。點頭技巧好的人，可以讓對方一五一十地把你想要打聽的事傳達給你。

心理學家瑪他拉茲歐做了一個實驗。在某機關的面試當中，對每一個應徵者在前十五分鐘裡採用一般的面試，接下來的十五分鐘則讓面試者不停地點頭，然後在最後的十五分鐘則完全不點頭表示反應。如此更換點頭的次數，來測試應徵者說話的時間在那一個階段最長。

這個實驗的結果是，點頭越多的時候，應徵者的談話時間出人意外地長。由此我們發現，點頭的反應其實是要求對方繼續再談下去的行為。

當聽者對我們點頭表示反應時，會覺得對方同意自己的說法，而讓話題便源源不絕。相反地，對方沒有點頭的反應時，我們心理就起了一種相反的反應，而不再侃侃而談。

因此，要使談話圓滿和諧，點頭的反應實在是非常有效的推動力，和點頭具有同樣的效果的行為中，一搭一和、微笑等都是很有效的方法。如果您能研究一下點頭的技巧，那麼讓對方說出其真心話就易如反掌了。

【一流說服力15】點頭是一種意圖性的操縱術，它可使對方侃侃而談，也可使對方悶不吭聲，隨你的意來運轉。

・使對方打開心房的技巧

在美國做過這樣的實驗。針對一個人前來購物的男性或女性，讓他們做簡單的問卷調查，這時候對某些人會「輕觸他們的手」或者「完全不碰觸對方」，然後，當問卷調查快完畢，突然一堆問卷掉落一地。當然這是實驗用的手法，目的是要調查有幾個人會在這個時候，替你撿起問卷，結果，輕觸對方手臂的人大部分會幫忙撿起。

想要向別人拜託或說服什麼事的時候，輕碰對方的身體，比較容易獲得首肯。假使你處於極其困難的交涉場面，又必須說服對方不可的情形下，這個「接觸效用」一定可以幫助你。不經意地碰碰對方的肩膀、膝蓋互碰，只要能使對方的心態向著你就可以了。

接觸的應用技巧，在臨交涉場面之前，可以用握手的方式打前鋒，讓對方感覺到你的存在，就容易進行交涉。下列就介紹一個試驗握手的效果的實驗。

用三種方式介紹一個人給受驗者認識，然後問受驗者的印象，方法是這樣的。

①遮住眼睛，也不說話，只是握手。
②不說話也不握手只是看著對方。

③遮住眼睛，不握手，只是說話。

結果，這三種方式的接觸後，受驗者的評價是：

①是溫和、可信賴、感覺敏銳。

②冷淡、傲慢。

③沒感覺，形式上而已。

有百分之四十八的人希望與對方見面。只是握手而已，竟然有這麼大的差距。

【一流說服力16】在困難重重的交涉場合裡，輕碰對方的肢體而遊說，較容易達成協議，而進行交涉之前，如果能夠互相握手，也可以得到對方的信賴。

•強求性質的交易能圓滿達成，全憑「進攻」法則

美國做過這樣一個心理實驗。向百姓要求「想調查府上的櫥櫃裡有什麼東西，請把東西拿出來看看」，再調查對方的反應。而在實驗方法上用下面三個方式來要求老百姓。

①突然登門拜訪對方，要求對方能協助調查工作。

②先用電話打過招呼，把調查的內容說明之後，再拜訪對方。

③先做關於這項調查的問卷調查，獲得承諾之後，另日再實際地拜託接受調查。

結果是①百分之二十二。②百分之二十八。③百分之五十三的人願意合作。

這個實驗所告訴我們的是，要讓對方答應自己所討厭的事情時，必須事先要求對方輕易可以同意的事，得到承諾之後，再把主要的目的說出來，這樣比較容易讓對方答應願意幫忙。

這是因為一旦答應了一次之後，對以後的要求就不容易拒絕的人性使然。也就是說，人具有守住自己的行動的一貫性的傾向。

心理學把這種方法比喻為踏進門檻之後，徐徐漸進的做法，稱之為「foot in the door tecn－ic」。當你比較強求性的要求時，應用這個「foot in the door tecnic」技巧，一定是百戰百勝。

比方，你想達成一個比較困難的交易，一下子要對方就同意，是不可能的，倒不如先打一通

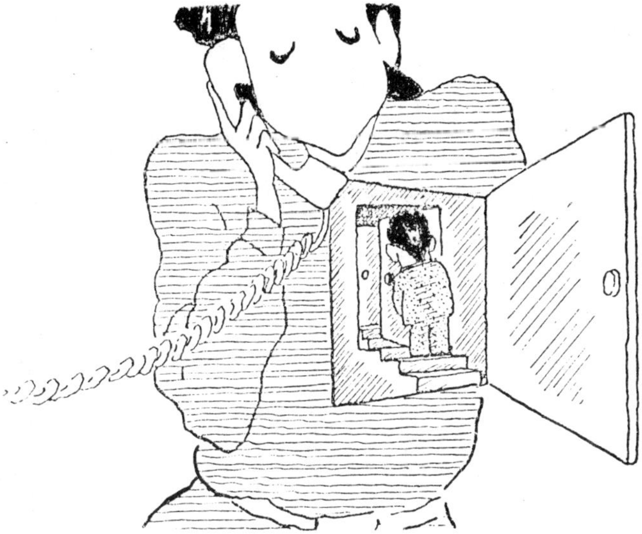

電話給對方，要求無論如何見他一面。

然後，到對方公司拜訪，打過招呼，接著以極其容易達成交易的事項讓對方輕易就ＯＫ。這麼一來你就踏進了「門內」了，一旦再提到主要的交易，應該很容易獲得對方首肯。

應用這個手法邀約女性的人應該不少。首先，問對方有一個宴會要不要一起去參加，這是很容易使對方答應的理由。接著，說有一場好電影要不要一起去觀賞，這幾次的交往，慢慢地就變成了好的朋友了。

要求一些可以輕易答應的事，慢慢地造成對方一味接受的情勢，使得你主要的目的也能順利成功，這個「進攻」的效果，也可以廣泛地活用在工作上。

以這個方法，不論再怎麼無理的要求，讓對方點頭ＯＫ，其實是相當簡單的。

【一流說服力17】向對方做無理的要求時，首先以簡單的事項獲得對方的答應，然後再進入主題，如此則較容易得到承諾。

●用臉部與言詞來戰勝困難的商場戰略

母親的言詞與表情稱為「兩面感情」，如果經常以相背的方式表現在外，孩子就會陷入情緒的不穩定。

例如，叱責孩子的時候，用「不可以×××！」嚴厲的聲調加上恐怖的表情來罵孩子，然後，過了一陣子說「不罵你了，過來這邊坐」，言詞輕柔，表情親切，這二種狀況，母親的言詞與表情是一致的。

但是，臉上帶著微笑，語氣卻非常強硬，言詞和表情互相矛盾的情況下和孩子接觸，孩子不知道應該相信那一面才好。

在專門術語上，這種情況稱為二重拘束，不過，在兩面感情表現的母親下成長的孩子，極端的例子中有不少人因此人格遭到損害，孩子是以母親為榜樣來透視這個社會，但是，在這樣母親的影響下，便無法學習真正的待人接物的態度。

教育孩子有兩面情感表現，是最大的忌諱，但是，如果在工作上，表現這種狀況，可以讓對方同時感受到強烈的緊張與不安，這種狀況在討價還價的商場交涉中最具功效。

譬如，交涉快決裂的時候，「那麼，我們也只好出這個價錢了」言詞裡透露出拒絕的意思，臉上卻帶著微笑，刻意製造出兩面感情的氣氛，這麼一來，對方抓不著你心裡面到底在想什麼，於是情緒就更加緊張了。

另外，在工作上要向對方索賠的時候，也是要滿臉微笑，但言詞卻得理不饒人，引起對方的不安，一定相當具有功效。說不定，心驚膽跳的對方一時不知所措，不用你去計較，自己就開出好條件出來了。

任何一個公司裡面都有一些被稱為是「老奸巨滑」、「神龍見首不見尾」的可怕人物存在。他們從經驗裡，熟習兩面虎的秘訣。如果你也在困難的交涉場面中，運用這種言詞表情不一致的做法，相信一定可以把對方搞得丈二金剛摸不著腦袋的地步。

【一流說服力18】帶著微笑卻言厲聲嚴，刻意使出二重拘束的絕招，對方一定會掉入你的陷阱中。

•要求賠償時最忌利用電話

每年各公司都有新人員進來，不過，這些新職員大多數在初期都患有「電話神經質」。因為，在進公司之前，用電話連絡業務、交涉、照會的經驗非常少，沒有辦法正確地把握對方所講的要旨，也無法將業務的方針如意地傳達給對方，所以一聽到電話就不知所措。

在電話中要交換複雜的工作要點與傳話，連經驗豐富的職員都會吃不消。因為對方看不到自己的表情，必須用言詞複述不可。

有一位叫羅比特的心理學者，為了探討人的感情，判斷所根據情報來源誤差而產生的不同，就以「只看到臉」、「看不到臉只聽到聲音」、「兩者都接觸得到」這三種情況下為線索，試驗如何從這些線索正確地判斷出對方的情感。

結果，「愉快」、「不快」、「生氣」等情感，光憑表情就可以傳達無誤，而「害怕」的情感只從聲音就可以判斷出來。「吃驚」的傳達則必須借助表情與聲音雙方面才可以辨別出來。另外，「愉快」和「生氣」的情感有表情和聲音來傳達時反而不易辨別。

從這個實驗報告我們明白，在電話裡可以傳達給對方「害怕」的訊息。但是「愉快」「不快」「生氣」等情感在本質上卻不容易傳達。

工作上想對對方表示自己的感謝，或對工作本身發牢騷，因客戶的違約而生氣等等實在是太多了，但是，這時候與其用電話來傳達你的意見，不如直接碰面說個淸楚。而且，和對方見面的時候，不要光用嘴巴講，儘量用表情來博得對方對你的理解。

在實際的商業活動中，尤其是困難的交涉場面上，利用「樸克牌臉」或前述所提的「兩面情感」表現法，使人撲朔迷離的詭計多得是。

要利用這類高等商場技巧時，最好還是直接和對方見面。總是利用電話塘塞應付，不但不能圓滿地傳達自己的感情，而且也沒有辦法拉攏住對方。

【一流說服力19】向對方致謝，表示不滿，或生氣的時候，直接見面比利用電話來得有效。

●交涉陷入膠著時，電話才能發揮效用

工作上經常會發生和客戶意見相左，於是一直是兩條平行線，永遠無法成交。這種情況下，大部分的人都會認為「和對方見個面，讓彼此多了解」，就往對方的公司出發。

但是，用心理學的立場看，這種狀況還是用電話解決較好。也許有人會認為不可思議，不過，在心理學的實驗中已經證明了這個方法較具效果。

意見完全相左的兩個人，要使彼此的意見一致，用兩種方法來試驗。一是讓他們直接碰面交談，二是只利用電話來連絡。

比較這兩種方式發現利用電話交談的人，很明顯地較能夠把意見的分歧扭轉過來。

另外，關於實驗後的印象，利用電話這一方會認為對方是「誠實、具有理性、可以信賴」，而對對方抱持著好印象。

從實驗得知，和對方有複雜的議論時，利用電話反而較具說服力，而且給對方的印象也較佳。

這是因為在電話中看不見對方的動作及表情，可以集中意志來談話，而且可避免不必要的感

情用事。

同時可以冷靜的來議論，給彼此一個較客觀的思考力。如此則原本有平行線不可能相交的議論，慢慢地就能互相妥協而較容易達成協定。

在工作中有意見紛歧時，雙方都變得容易感情用事。這時候如果直接碰面，是不可能冷靜地來討論事情的，而且說不定彼此對雙方的說詞陷入爭執，而只是一味地感情用事而已。

但是，如果在電話交涉，縱然你的言詞有點不講理，也不會給對方惡劣的印象。

商場上一定要避免和對方造成感情上不可收拾的地步。當你們的意見沒辦法達成協議時，就要儘量活用電話的好處。

【一流說服力20】要和意見分歧的對方交涉時，與其碰面談，不如用電話，反而可以冷靜地交談，達成協議，而且不會給予對方壞印象。

•解決弄僵的交易，上司和部屬的搭配極其重要

我所認識某公司的經理對我說，工作上的一切交易全委託給部屬去做，又說「不過一旦有什麼麻煩發生，我就能發揮效力了。當交涉決裂，或者部屬言詞不當，惹對方生氣，我適時出面，這麼一來，對方認為平常不出面的大人物都來了，一切的糾紛看我的面子就解決了。」

聽到這番話，實在佩服他和部屬搭配得巧妙。的確，工作上發生爭執，或者交涉破裂，對方非常生氣時，只要公司的大人物一出面就風平浪靜了。

這是因為對方認為「這麼大的人物都出面了，在公司內一定造成軒然大波了，就讓一步看看……」，因上司的出面而滿足了他的自尊心。以對方的立場而言，停止交易對自己也是一種損害，所以，是不可能一直怒氣沖天的，找一個適當的妥協方法才是要策，而對上司既然出面，當然順水推舟了。

這種情況由於剛到公司的時候，不懂得真相，甚至會覺得上司真是交涉手腕極高的人。事實並非如此，上司出面這件事，對對方的確能夠產生說服的效果，但這並不表示上司的交涉手腕特別高。

在這類場合，上司與部屬的職分若是分配得當，縱然是困難的交涉也能順利進行。

譬如，一位職員經常到客戶公司拜訪，請求簽約。一段時間之後，接著課長也前來拜訪，對方關心程度就會慢慢提高，最後再由經理出馬，滿足了對方的自尊心，交涉一定可以圓滿解決。

【一流說服力21】部屬和上司一唱一和，就能輕易地說服對方。

•對方為什麼不應允？找出理由的秘訣

澳大利亞原住民所使用的武器中，有一種叫做「布美拉（boomerang）的短矛」。這種短矛是用來射殺獵物，如果不中目標，會成弧狀地返回射手的手中。

從這種飛矛的原理而來，在心理學上指要說服對方時，對方卻和說服者的意圖採取相反的態度或意見，這種情況稱之為「布美拉效果」。

再怎麼用盡唇舌說服對方，對方卻愈不能和你妥協的情形，在工作上經常可以碰得到。不僅如此，很多時候對方是和自己持完全相反的意見，這是因為自己的說服方法、方式造成了「布美拉效果」的緣故。

所以，為防止這種情況產生，必須知道布美拉效果因何而起。心理學家認爲，下面這些情況，最容易產生布美拉效果。下面就試舉其例和因應的對策。

①可以預測得到說話者也許做了一個違反聽者利益的決定 對方如果接受你的說服時，對對方本身會造成不利，而你卻從中獲利，對方當然採取和你對立的立場。如果只是一味地站在自己的立場考慮，以自己的利益為優先，會引起對方的反感。

②用刺激、攻擊對方，造成對方痛苦的方法來說服時　挑對方的缺點、毛病批判，做為說服的方法，是達不到效果，只會產生反效果。

③選擇的自由受到限制時　想要的東西不能得到手時，更會渴望得到它。譬如啤酒的販賣機到深夜就中止營業時，本來並不是那麽嗜好啤酒，卻也會因為此時喝不到而希望喝到啤酒。

不過，相反地有時候限制說服的事項反而好。對飆車的人禁售機車是沒有道理的，機車本身沒有害處，只要不超速行駛就可以，像這樣在說服的方向下工夫就不錯。

④被強迫選擇的時候　有以孩子為對象做過這樣的實驗。讓孩子在九個糖果中標出喜愛程度的順序，然後約定做完後送糖果給他們。

在第一組裡面，在二顆糖果中，讓他們選自己喜歡的一顆就送給他們，而另一組，則二顆糖果中，由實驗者選其中一顆送給他們。

前組有選擇權，後組卻沒有，作業完後，讓孩子們挑出第三和第四喜歡的糖果，再對這些孩子說，第三喜歡的糖果要給他們，接著再叫他們重新標自己喜歡的順號。

結果，沒有選擇權的孩子，對可以獲得的糖果（第三順位）魅力倍增，而不能拿到的第四喜歡糖果不再那麽渴望。但是，有選擇權的孩子，相反地沒辦法選擇的第四號糖果，覺得喜歡起來了。

換句話說，這種情況是本來有選擇權，而實際上是讓實驗者半強制性地挑選。選擇權變成只是名義上而已，於是心中的反抗使得拿不到的第四號糖果，比拿得到第三號糖果要來得吸引自己。

如果能夠知道「布美拉效果」何以產生的原因，那麽就不會在工作上說服不了對方，也不會使對方反感，陷自己於無可挽救的地步。

而實際上就是有些人在交涉場合裡觸怒對方，使自己陷入一籌莫展的苦境。如果你有這樣的經驗，那麽應該檢討一下，何以造成布美拉效果。

如此反省檢討之後，便可以預防今後交涉的決裂。和曾經對你反感的客戶要重修舊好，並不是簡單的事。

所以，布美拉效果對商場界的人而言，是絕對要避免發生的事態。

【一流說服力22】如果能夠知道在什麽樣的狀況下會造成對方有布美拉效果反應，就可預防交涉決裂。

・電腦時代才足見手寫文書的威力

人所寫的文字中，有人品、教養等情報加諸其中，看的人從中就可以窺見書寫者的大概。所以，手寫的書信可以讓人感覺到對方的存在，而打字機打出來的文字，卻沒有辦法讓人察覺對方的實質感。

當我們知道文字除了本來的目的之外，還具有傳達情報給對方的功能時，寄賀年片、問候卡時不要只送一些印刷品，最好再加上幾筆自己的提言，這樣才比較能夠傳達給對方你的心意。

「前些時候承蒙您的照顧，今後也希望多提拔」這一點問候語就足以讓對方感覺到你的存在，而更加讓對方加深對你的信賴。電腦時代普及的今天，這些顧慮才更見需要。

豐臣秀吉送給他妻子的信件，如今還保存著。

日本在電視上碰巧看到這段記事，不過，豐臣秀吉並不是一名學問家，所以字體實在不敢恭維。

但是，從他款款道來的文字中，讓人感覺到他對妻子的信賴與情感溢於其中。

縱然親筆的文字實在令人不能褒獎，但是它卻能夠傳達給對自己的誠意與熱情。

如果你以自己的字體不佳為理由，而變得不愛動筆，其實這一層的顧慮是不必要的。即使你的字像亂塗鴨般的難看，如果是誠心誠意組織成的內容，仍舊可以十足地傳達你的心情給對方。

【一流說服力23】印刷的賀年片、賀卡上面加上自己親筆的文字，會讓對方對你產生好感，甚至博得對方的信賴。

‧觀察筆跡可以了解寫者的性格

前項提到文字可以傳達給人品、教養等情報，現在就以筆跡學為基礎來針對性格分析做一點說明。如果知道性格分析法，那就可以領略如何和工作的對象交往。

首先，「寫大字的人」一般是屬於自信心強，態度積極的人。如果你的工作對象是寫這種字的人，就要讓他的活力隨著工作的進行，發揮出來。

相反地，如果是「字跡小的人」就具有慎重、小心求是的傾向，所以如果態度輕浮，可能會引起對方反感，務必要留神才好。

而「字體四四方方的人」一般是慎重具有理性的人。要說服這種個性的對象時，言詞必須有條理，順理成章才行。

另外，「字體呈曲線帶有圓體的人」是社交型，適應力強的人。應付這種人必須要能隨機應變。

再者，「字體成右上角翹的人」是屬於感性、情感敏銳的人，相反地「字體呈右下垂的人」往往是心思細膩、裝腔作勢，帶有一些自卑感的人。

遇到寫這種字體的人，最好是以他們的純真的性格來對待比較恰當。

而有的人其筆勢非常強硬，看起來好像故意用力去寫的樣子。所以字體像是深陷在紙上一樣，這種人的性格是認真、有理性、神經質。相反地，筆勢柔弱的人，則具有社交性、活潑、意志薄弱、感情豐富等傾向。

從文字的外形可以猜測出對方的性格，所以，當你接到客戶的信件，或者交換書類文件時，如果能夠利用方才所提的筆跡性格學來研究一番，將幫助你往後更順利地與客戶交往。

總之，必須隨各種交易對象的個性，採取不同的接待方法。這時候筆跡性格分析法一定可以給你一些幫助，收到的信件或書類不要看完就丟掉，應該當作一種資料保存起來，一定有裨益你的地方。

【一流說服力24】懂得筆跡性格分析法，可以從收到的文件裡，揣測到對方的個性。

●和棘手的客戶交涉，一起用餐是最好的妙方

在美國的商場，利用在餐廳一起用餐一邊談生意的情形，已經是家常便飯般的習慣了。而心理學上則以一個實驗確定了用餐可以補助說服的效果，方法是給受驗者一份記者寫的評論，讓他一邊吃花生、喝可樂，一邊閱讀，另外，讓其他的受驗者嘴裡不吃任何東西，光是閱讀，然後再調查他們的讀後感，評論的內容是這樣的。

①找出癌症的治療法，必須要花二十五年以上。

②一般人到月球往返旅行，十年內可以實現。

結果發現，一邊喝可樂啃花生，一邊閱讀評論的人，比什麼都沒有吃的人，對評論贊同多得多。

這表示人在吃東西的時候，較容易被說服。因為用餐時情緒的緊張會鬆懈下來，對於對方所說的話，比較不會產生疑問。

假使你的工作對象是個難以妥協的硬角色，那麼邀他一起用餐也是方法之一，你可以不經意地探聽出對方喜歡的料理，然後邀對方在他滿意的餐館裡用餐。由於對方在心理上，已經解除了

防線，所以接受你的意見的可能性變高了。

一般在公司等地方，如果有訪客前來，一定會端茶招待。這當中的意思也是說喝茶點，放鬆心情來談吧。

大部分的人對於一邊吃東西一邊交談的行為，已經在無意識之中成了習慣。不過，如果你知道意圖請對方吃飯、飲酒可以增加你的說服效果，應該可以幫助你商場上的交涉工作。

【一流說服力25】把棘手難應付的對象，邀出去一起用餐，比較容易接受你的說服。

‧想要獲得對方的信賴，可以借助酒的力量

美國的心理學家巴蘭特，對於日本人與美國人的身體接觸經驗做了比較，而得到下面的結論。

日本人比美國人在孩提時代，親子之間的身體接觸較頻繁。但是到了成年，不知因何緣故，和他人的身體碰觸反而減少，接觸被認為是傳達感情的最佳方法，而日本人之所以少接觸，是因為他們具有不願意把感情表白出來的特性。

話雖如此，日本人並不是完全避免身體上的接觸。日本人有所謂的酒精接觸。和飲酒的同伴勾肩搭背，互相拍打的等等身體接觸倒是很頻繁。日本人會說出真心話，只有在喝酒的時候。

巴蘭特博士對於沒有酒精的幫助則無法說出真心話的日本人的心理特性，這麼巧妙地指摘出來。

的確，日本人在不喝酒的時候，是說不出真心話的，但是，一旦喝了酒，就連不認識的人，或者只是碰巧坐在隔壁的人，都能勾肩搭背侃侃而談，甚至放聲高歌都大有人在。

對於不太容易親近的人，如果借助酒力來接觸，彼此的親密度一定會提高。

的關係。

而且，自己說出了真心話，必定可以博得對方的信賴感或親密感，這樣就很容易接近彼此間的關係。

對於剛開始交易的對象，要儘快帶他去用餐、喝酒，使彼此的關係親密。這樣，對往後的工作一定有很大的幫助。同時，如果你必須在工作上和一個帶著苦瓜臉，不容易親近的人來往時，只要頻頻地施展酒精的魅力，和對方就可以漸漸地變成無所不談的關係了。

【一流說服力26】一起飲酒用餐，可以容易接觸，而且使彼此都能開懷暢談，就連交誼淺薄的人也會變成好朋友。

‧想使商談順利，也要注意沙發的硬度

紐約的知識份子裡面，據說現在在家裡面佈置一間日式房間，已經成為一種風氣。據他們說，打赤腳在塌塌米上走，盤腿而坐的生活，可以幫助放鬆自己。

對於以往都是住在泥石建築而成的家而言，塌塌米的柔軟觸感，似乎讓他們覺得非常舒服。人會隨著就寢或安坐場所的不同，而改變他的心態。睡在柔軟的床舖上時，任何人都會安然入夢。相反地，如果必須在冷硬的地板上正襟危坐時，除非是坐禪的師父，否則不可能放鬆自己。

貴公司會客室的椅子是什麼樣的質料呢？如果坐墊非常硬的話，建議你趕快換一組柔軟的。讓客戶能夠接受我們的說服，答應和我們做生意，柔軟舒適的坐墊所產生的效果較佳。

在美國的心理學家實驗中已經獲得證實。當人坐在柔軟的沙發上時，緊張的情緒會鬆懈下來，比較容易接受對方所說的話。相反地如果坐在硬梆梆的椅子上，身體不能放鬆，緊張的情緒容易持續，因此，會變得帶有攻擊性，不容易採納別人的意見。

帶客人到會客室時，經常會說「請隨意坐」。這句話的意思是請對方身心都放鬆下來，任意

而為，這樣，彼此才能夠慢慢地隨意而談。

工作上的照會者做報告時，大多數的人都以為只要意思能夠傳達給對方就夠了，於是站著談的情形居多。但是，這樣對方也不能全心全意地聽你的意見，還是坐下之後再交談，比較可以傳達你的本意給對方。

坐在椅子上交談的畫面，在商場界具有多層的意義。如果你以為大不了只是一張椅子罷了，可能會有意想不到的損失，不妨多多下工夫在能使商談進行順利的椅子上吧！

【一流說服力27】會客室的椅子是柔軟舒適的話，對方較容易放鬆自己，商談比較可以順利進行。

・不讓重要客戶臨陣脫逃的聰明防線

遊說成功，終於要簽訂契約的時候，對方的態度突然一百八十度的轉變，這種情況在商場界乃是司空見慣。明明對方已經非常清楚我的商品的優秀地方，卻突然又說「別家公司的商品較好」。商談已經到了最後的階段卻又一下子反悔了，難道沒有讓對方不改變初衷的方法嗎？

心理學家馬克蓋亞做了下面的實驗，證實只要給予反對意見某種「免疫」，就不容易使原本相信的事物起疑。

首先，讓受驗者讀一篇任何人都認為理所當然的文章。文章的內容大致分為下面四個重點。①每用完餐，必須刷牙　②盤尼西林（青黴素）帶給人類益處　③為了找出疾病的症狀，必須定期做身體健康檢查　④X光線有助於結核病的早期發現。

而這四組文章又有完全支持這種「不用爭辯的道理」的評論，與對這種「不用爭辯的道理」持反對意見的批判內容。受驗者隨意閱讀其中一種報導。實驗之後，徵求受驗者的意見後發現，不管他們是看到那一種性質的文章，大多數的人都支持「不用爭辯的道理」。

接著，這個實驗之後過了二天，再讓受驗者閱讀反對「不用爭辯的道理」的文章以及證實這種反對意見的文章，再重新徵求他們的意見。

結果，在起初的實驗中閱讀對「不用爭辯的道理」持反對意見文章的人，大多數都沒有改變心意，相反地，開始就閱讀完全信服「不用爭辯的道理」的文章的人，就改變了自己以前所下的判斷，而不再支持「不用爭辯的道理」。

從這個實驗我們發現，事先說出反對意見說服別人，以後對方再碰到反對的意見時，就不會心生疑惑而改變自己的本意。

這是一開始就說出反對的意見，也就是在「預防接種」裡注射了「免疫苗」以後就不會「感染」反對意見了，這種方式就稱之為「接種理論」。

所以，為了不讓對方改天又採納別人的意見，在做說服的時候，說一些對自己本身不利的事項比較妥當。

說服的時候，不經意地給對方做了「預防接種」，以後就可以高枕無憂了。

【一流說服力28】縱然對自己有不利的條件存在，如果能夠明白告訴對方，就可以事先預防對方的變心。

●不經常保持連絡的營業人員，會讓客戶逃之夭夭

人如果斷絕了與外界的聯繫就會焦躁不安，而對情報的需求會更強烈。人是孤獨又懦弱的動物，這是心理學家荷隆用「遮斷感覺」實驗所證實的。他讓受驗者關在小房間裡面，長時間封閉住，什麼也看不見、聽不到、聞不到……讓他們置於五官都得不到刺激的狀態。

據說參加這個實驗的人，沒有人能夠在這種狀態下待上三天以上。大家都覺得焦躁不安，找刺激唱唱歌，或自言自語等，想要消除不安的情緒，甚至還產生了幻覺和幻想。

而且，他們在實驗前，實驗中與實驗後所做的問卷測驗，發現長時間封閉在室內時，做的答案錯誤很多，實驗完了，要回到正常則要花上好幾天。

從這個「遮斷感覺」的實驗我們明白，人的心理要正常地運作，必須經常有適當的情報刺激。住在高樓大廈的主婦或者做長時間駕駛的卡車司機，經常有人會產生幻覺，而覺得極端的不安，這是因為沒有給予適當的情報刺激所致。

像這樣，人一旦斷絕了外界的情報，會產生不安、焦躁，精神上陷入不穩定。這一點身為營

業人員的你必須有所認識。譬如，工作進行的情況不向對方報告，會使對方陷入不安，甚至取消你的交易。為了不讓對方焦慮不安，應該經常和對方保持密切的連絡。

俗語說：「沒有信件就是平安」，而事實上這是自己為了消除接不到信件的不安，給自己合理化的一種解釋。而商場界則是「沒有信件就是交易中止」。

【一流說服力29】疏於工作上的聯絡，等於是一種「遮斷感覺」的作用，會令對方心生不安，甚至招致交易的中止。

•簽約的最後階段，為什麼用電話最上策？

到目前針對電話的交涉與直接見面的交涉，其間的利弊得失，已經做過好幾次的比較。現在以工作上的相互確認為例，來討論一下到底那一種方式較為有效。

在進行工作之前，如果不和對方做好最後的「意見一致」的溝通，那麼當工作進行到一半也許就會有令人意料不到的發展。而在這時候，與其直接碰面交談，不如用電話來傳達反而較具效果。

因為，直接碰面，不必要的表情或動作，可能會給對方招來一些原來不必有的觀感。

譬如你到對方公司做最後的確認，比方幾月幾日商品進倉，付款是什麼時候，經費中的某部分是我方負擔等等。而對方其實是自己指定的日期錯誤，不過又錯覺你似乎也點頭認同，於是就把當天定為進倉日……。

像這種例子，在實際的交涉場面經常發生。而且，如果你比平常顯得意興闌珊，恐怕對方會產生錯覺，以為你對這項工作並不在意。考慮到這些危險因素，在最後的確認階段，還是利用電話來陳述重點反而來得確實。

碰到爭論的時候，電話中不會給對方一些不必要的情報，可以互相冷靜的交談。所以，在最後取得互相認可的階段，如果直接碰面，對方對於你的表情、動作總是會非常在意，而可能就不知道如何下決定才好。

這樣的說明，讀者們大概可以了解最後的確認階段還是利用電話比較妥當的道理了吧。不過，在確認最後的決定事項時，許多人都會因為過於擔心，而直接到對方的公司拜訪。但是這只是徒勞往返而已，搞不好還會造成反效果。

為了避免雙方的結論分歧，到後來才發覺的憾事，最後階段的確認工作，還是利用電話比較有條有理。

【一流說服力30】做最後階段「意見一致」的確認時，用電話比直接碰面來得確實有效。

〈一眼就能洞察對方的待人心理戰術1〉

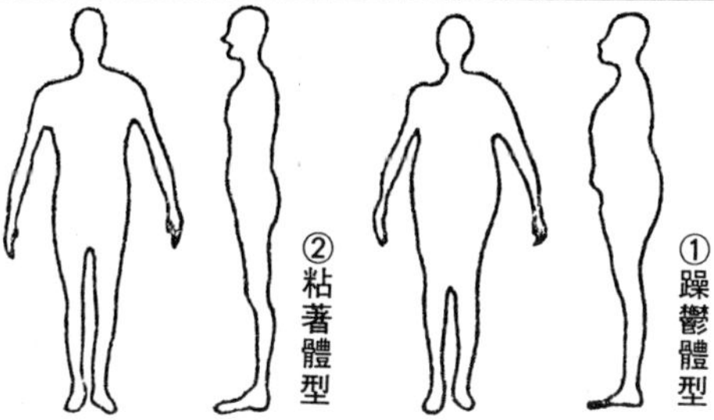

（三種體型的性格特徵與說服方法）

著名的心理學家克雪基曼認為從人的體型，可以把人的性格分為「躁鬱氣質」「粘著氣質」與「分裂氣質」三種。如果觀察出對方是那種典型的人，應該可以歸納出說服或命令的方法。

首先，①是肥胖躁鬱體型，具有這種體型的人，一般都是胸襟寬大，不拘泥小節的人。和這種人交談最愉快，但是如果仔細一聽，大多數會發覺內容相當貧乏。所以，不要只顧聽對方喋喋不休，應該先把重要的事項確認好再說。

②是體型中等的粘著型。這種人講話最會拐彎抹角。個性非常一板一眼，對任何事如果不從頭徹尾說詳細，誓不罷休。這種人大多數腦筋比較死板，所以不要因為對方不能融會貫通而心焦如焚，只要靜心耐性與他交涉就可以了。

另外，這類型的人大半對任何事都會拖泥帶水，所以如果你在談論當中提出了反對意見，那麼你們的交涉就沒完沒了了。這一點要特別留意。

最後，③是體型稍瘦的分類典型。這種人非常冷靜，有時候言詞中會有令人為之一震的深刻批判，而且最擅長一針見血的攻擊法，面對這種情況，千萬不能意氣用事。另外這類型的人話題會遊山玩水，所以務必要注意不要讓對方牽著鼻子走。

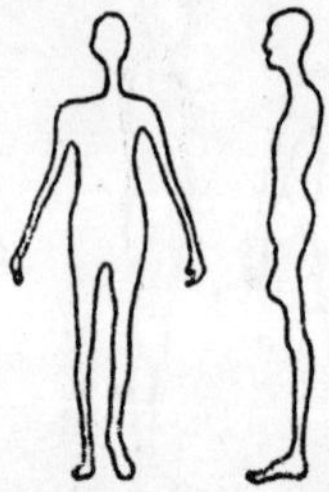

③分裂體型

（以交易對象座位的不同來改變交涉方略）

到客戶的公司拜訪時，進入會客室之後，要觀察對方所坐的位置，隨著對方所坐位置的不同，你可以察覺出對方對你的觀感如何。

一般公司的會客室，大概左圖所示。當你被安排在正位後，如果對方坐在①的位置，你可以認為這一次的對談是輕鬆的交談，可以放鬆心情。醫生在問診的時候，大多數坐在這個位置，因為這個位置可以給患者一種安全感，而能夠把身體的狀況一五一十說出來。

而②的位置也表示對方對你懷有好感。這個位置是表示對方會與你同心協力來完成某些事。

不過，通常對方會坐在③的位置。這個表示他要全心全意地認真和你交談，或者想和你爭論或說服你，對你帶著攻擊的態度。

④的方位是表示彼此疏遠關係。對方對你設下防線，不願意親近你。在圖書館裡彼此不熟悉的人，同坐一張桌子時，彼此都會採取這樣的方位。

（注意對方的視線，可猜出對方的心意）

俗語說：「視線閃爍的人不能信用。」這是因為一般人在交談的時

候，會自然地目光接觸或閃開，而存心不良的人，由於怕被人洞察他的心意，就沒辦法定睛注視對方來交談。

對於視線「閃爍不定」的人，必須十分注意。如果能夠注意對方的眼神，那麼對方心裡在想什麼，都可以猜出個大概。

在此介紹已從多數的臨床結果所驗證出來，所謂神經語言學程序的心理療法中經常提到的「根據眼球的轉動，判斷對方心態的方法」。

在做心理診談時，面談的人在想起過去的一些經驗，或者意識到心裡的癥結時，眼睛的轉動會隨著那些情景表現出來，那時候眼睛的轉動方向，所表示的心意如左圖所示。

應用這個圖來參考，譬如在交涉時，對方的眼睛像①圖那樣的轉動，就可猜測他是想起了過去的一些失敗或成功的例子。

另外在做商品說明的時候，如果像③的眼神那樣的轉動，對方就是在思考聲音所產生的印象。如果你是一位不動產公司的推銷員，那麼這個眼神就表示對方在擔心你所提資料中噪音的問題。

而如果你正在做健康器材的商品說明時，對方的眼神像④圖那樣轉動，要簽約就要再等一段時間了。所謂「眼睛是靈魂之窗」，從眼球的

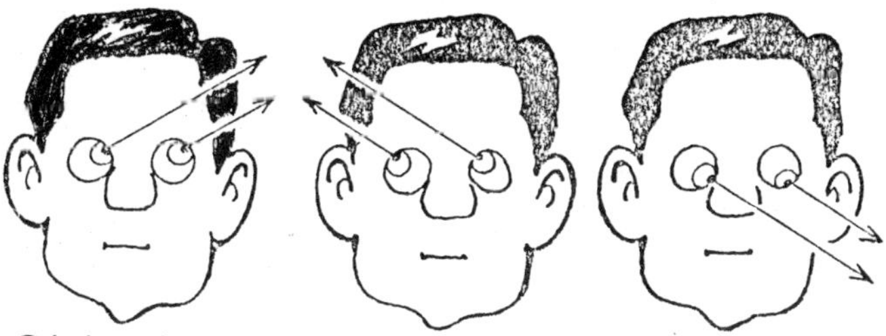

①想起過去的情景。

②想起一些沒有看過的情景。

③抱著聽覺所產生的印象。

④關於身體感覺上的印象。

⑤眼睛焦點不定，和①同。

⑥聽到某種聲音，豎起耳朵細聽的時候。

［註］　圖是以慣用右手的人者例，慣用左手的人則反之。

轉動，來猜測對方的心理，對商業活動一定有所幫助。

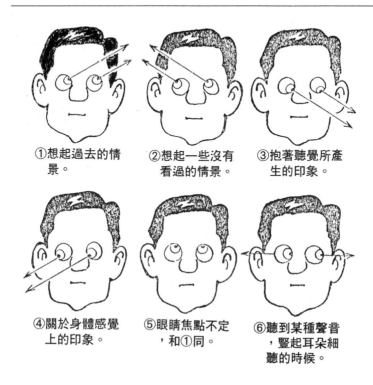

第二章——出類拔萃的營業人員處世學

●和蠻橫上司相抗衡的抵抗技巧

任何一個公司裡都有這類型的上司，專愛給部屬出難題，看部屬做錯又大發雷霆。對付這種蠻橫的上司，要怎麼辦才好呢？

美國的社會心理學家史坦雷、密魯克拉姆讓受驗者扮演老師，命令他們叫學生做電擊實驗，從中調查以什麼樣的命令方式，服從命令的人會減少。當下達命令後，實驗者走出室外時，會從頭到尾服從命令的受驗者人數，實際上已經減少到三分之一。

當實驗者距離受驗者一公尺左右來下達命令時，大約有百分之六十五的人服從命令而已，這麼低的比例，確實令人不可思議。

從這個實驗我們明白，只要不是面對面的場合，大多數的人都會違背命令行事。所以，如果不願意服從蠻橫上司的命令時，儘量不要和上司直接碰面，這樣就可以逃脫上司的圈套，同時也表示對他的反抗。

另外，還有一個實驗也是測驗服從比率的減少，和方才實驗一樣地，事先安排一些人在受驗者當中，對實驗者的命令做反抗。在這種情形下，實際的受驗者紛紛有人反抗實驗者的命令，結果服從命令的人只有百分之十而已。

這表示當有人支持自己的反抗意念時，人就很容易抗拒命令。違背上司的命令時，與其孤軍奮鬥，不如聯合志同道合的人一起舉事。如果每個人都表示反抗，上司不久就要檢討自己的行為了。

在組織勞工會的時候，一開始就是在經營者的設防之下進行。這種做法正符合了方才所介紹的服從率減低的原則。

換句話說，在「命令者看不見的地方」或者「廣結同伴」就能造成容易反抗的環境。這種反抗方法實在可以作為和蠻橫上司抗衡的參考。

【一流說服力31】不和上司碰頭，可以表示你的抗拒意念。想反抗上司時，最好連結同黨。

•讓上司龍心大悅的「阿諛」之道

對上班的職員而言，能不能受上司的賞賜，對將來的升遷有直接重大的影響。也許是這個關係，很多人在公司不把公務放在心上，只是拼全力「捧」上司。

不過，無論再怎麼高捧上司，如果沒有工作的實際成績，要出頭怕是很難。有工作實力的人，最好想一些可以讓上司對你另眼相待的方法。

在酒宴上想拍上司的馬屁時，什麼方法最有效呢？如果只是滿嘴的誇獎上司，只會讓人認為你是「馬屁精」。

如果目的想滿足上司的自尊心，讓自己能夠討上司的喜歡，而使人認為「那傢伙真是馬屁精，光會錦上添花」，就划不來了。

心理學上有報告說，在讚美對方時，加一些批評的言詞來刺激對方的自尊心最具效果。換句話說，並不是光讚美就好，對上司多少有點批評的話，你所讚美的言詞就增加了客觀性與可信度。

譬如，你可以這麼說：「經理平時很嚴格，不過這樣可以提高工作士氣」或者「課長所打的

高爾夫球，一點規則都沒有，真不好應付，不過準確性卻相當高……。工作上可要好好參考課長的高爾夫球技巧，來提高準確度」，言詞中帶一點反面的批評，然後再稱讚上司的話，上司一定不會生氣，或不高興的。

這算不算是小聰明，全憑你的自由選擇了。

【一流說服力32】想討上司的歡心時，在讚美詞中加一點批評，會增加客觀性，又具效果。

●從上司夫人套出上司底細的妙招

以所謂「經營之神」的榮銜廣為所知的松下助幸之助，當部屬在工作上遭遇到困難，覺得煩惱的時候，或者對部屬怒斥一頓之後，一定會打電話給部屬的太太，叫他太太「轉告您先生，叫他好好的幹」。

而田中角榮在當大藏大臣時，遇到有某官員的太太生日，一定送禮致意，在宴會和官員的太太碰面，總交談的非常愉快。

從這些例子我們發現，不論在那種世界，會功成名就的人，一定具有卓越的女性操縱術。抓住女性的心，從這些女性口中找出部屬的真心本意，而輔助自己的管理工作。

女性一旦進入家庭，和社會的接觸面就少，因此有的主婦就分不出公私的差別了。

而這種妻子對於丈夫的性格上的缺點或精神上的不安，如果被外人知道會很難處理的狀況，也不能體會，因此總疏忽地洩露出來。

前面提到的「自我開示」心理，心理學上的實驗證明女性遠比男性強。一般而言，女性比較愛講話，守不住秘密，以心理學的觀點看來，這種指摘是正確的。

因此，如果能夠反用女性的這種「自我開示」心理，來接近上司的太太，那麼就可能從她口中獲得上司不為人知的情報。

在宴會中碰到上司的太太時，可以找機會從她的口中挖寶。譬如，上司最愛吃的東西，孩子的教育問題有無煩惱的地方，休假的活動是什麼，對工作有那些嘮叨……等等，上司的另一面，可以用這個方法輕易地就一清二楚。

利用這種方法來收集有關上司的情報，對工作一定裨益良多。

【一流說服力33】利用女性自我開示強烈的心理特點，即能從談話中獲得上司的相關情報。

●巧妙地奉承上司，使自己成為可愛的部屬

心理學家勃沙特以自身的調查得到這樣的結論「情侶結婚的機率，隨著雙方的距離越遠，越減少」。

譬如，為了約會必須轉好幾趟車，這些時間就犧牲掉了，而且約會的費用也加大，如果還必須幾天前就打電話約好才能見面，這種特意強求的約會會慢慢變成一種負擔，約會的代價也會一再地擴大。這樣彼此一定沒辦法相處得好。

戀愛的情侶，約會並不需要特別的理由，雙方有意見面就能隨時在一起的情況，是最能進展的。

大學同班的同學，在同一家公司上班的男女，很多都可以結為夫婦，這都符合了「勃沙特法則」。

日本衛生局做了配偶居住地域的調查結果，也應證了這個法則。配偶在結婚前的居住地，以都市而言有百分之八九・四是同一個市鎮，其他的地區則有百分之一〇・六。而都市以外的地方有百分之九三・三是同一市鎮，只有六・七百分比是其他的地區。換句話說，住得越近的情侶，

結婚的機率越大。

而和自己住得比較近的朋友，感情比較親密，也是心理學上的一種法則。戀愛的情況也是一樣，物理性距離越近，心理上的距離也可能拉近。

如果應用心理上的距離與物理上的距離之間的關係，你想要拉近實力派上司的關係，可以利用搬家的機會，遷住到上司住宅的附近，在回家的路上交談的機會就多了。

而且，由於彼此住得接近，上司大概會對你漸漸產生好感，情況好的話，星期天也許還會邀你到他家走走。這麼一來，你一定可以博得上司的信賴。

【一流說服力34】和物理性距離遠的人，在心理上的距離也會越來越遠。想要博取上司的歡心，遷到上司住的附近是最上策。

・利用會議打根基的技巧

對一般的營業人員而言，會議席上如果能夠讓自己的計畫、草案獲得通過，對以後的出頭競爭中會有相當大的影響。

假設，你所提出的企畫案實現了，多少幫助了公司的業績推展，那麼你的大名就響叮噹了。這樣對於你的競爭對手而言，你已經先馳得點了。

相反地，如果你的計畫經常在會議席上成為泡影，那麼你可能被認為構想力差，沒用的職員，你就不能在競爭的激流中生存下去，終其一生只是平凡的職員而已。

所以，會議席對職員而言，就相當於賭自己前途的「戰場」。在此，就提供大家一個如何使自己的方案在會議席上通過的小智慧。

對大學的某一班學生，以希望他們參加心理學實驗為由拜託他們參加。而事先已經拜託某些人務必參加以後，再對班上公佈的例子，與毫無安排的例子，其結果對於實際參加的人數，有著極大的差異。

事先拜託了幾個人之後，實驗者再對班上要求，並希望「願意參加的請舉手」時，那些事先

安排的人毫不遲疑地就會舉起手來。

看到這種情形，其他的人也就能夠輕易地舉手答應。

但是，如果沒有事先做這種準備，就突然地要求班上同學參加時，有人就在心裡面揣測，「如果有人舉手我就參加，否則只有我一個人真不好意思」，大家都這麼想的話，就沒有人會舉手了。

所以當你對於自己傾注全力完成的企劃案，無論如何都希望在會議上通過時，應該要利用這種事先打根基的方法才能馬到成功。

【一流說服力35】企劃要在會議通過，必須做好基礎工作，如此有如挖蘿蔔的效果，贊同者一個一個出現了。

•邀集支援者在會議上打勝仗

前項提到事先準備幾位支持者，就能讓你的企劃在會議中順利通過。那麼，要預備幾位支持者，效果最好呢？

心理學家密爾格拉姆在紐約街上，觀察一些人在一分鐘左右注視對街大廈六樓時，過路人會有什麼反應。

結果，事先安排二、三位往上看的時候，有六成的過路人會佇足眺望。而由五個人以上形成的群衆往上看，就有八成的過路人會隨著往上看，而圍觀的人就越來越多了。

為什麼五、六個人聚集在一起，群衆就會越來越多呢？通常在街上行走，情侶、朋友常會三三兩兩結伴而行。因此，如果有二、三個人注視某目標，那麼這可解釋是單純的個人因素。但是，如果看到五個人以上的一堆人時，往往會以為發生了什麼事件。

由此可見，事先安排好的人越多，對團體的影響越大，所以，當你想要使自己的企畫案通過，事先找多一點支持者會更具效果。

假使每次贊同你的企劃案的人只有二、三個人，那麼在你覺得一定要通過自己的企劃案時，最好先溝通好五位以上的支持者。

如此，在席的其他人眼見有這麼多出席者，便會對你的企劃產生興趣。你的企劃在會議通過的可能性就將近百分之百了。

縱然你安排了再多的支持者，如果你的企劃案是掛羊頭賣狗肉，內容乏善可陳，成功的機率也是屈指可數。而且，那些支持你的人，會認為平白地被耍了一下而生氣，恐怕對你的信心從此一落千丈。

你本身的企劃案若是沒有價值，那麼利用支持者的這個技巧，可能會造成反效果。

【一流說服力36】想要使自己的提案通過時，安排好越多的支持者使衆人為之矚目。

‧不傷害上司自尊的提議方法

在會議席等場合裡，想表達自己的意見給上司時，經常是煞費苦心，絞盡了腦汁。縱然你做了多具說服力的說明，但是站在上司立場的人，對屬下的意見多少仍是會有抗拒感。

上司如果全憑屬下的意見來行事，那麼上司就失去了自己在公司內的立場了，這時候屬下必須要能揣測上司的心意，繞過圈子來陳述自己的意見。

徹頭徹尾向上司保證自己的意見是正確無誤的，反而會招致反效果。除非是氣度相常好的上司，否則傷害到他的自尊心，即使你的意見多麼地正當不阿，他一定會拒絕的。這麼一來，恐怕會遭上司記恨，也許還對其他工作產生了壞影響。

這時候如果能退一步來發言，效果就不一樣了，上司也有他的自尊心，所以，你只要陳述自己的意見就可以，千萬不要逼廹上司採納你的意見。

對於自尊心強、知識能力高的人，要把結論留給他們做決定，這樣的說服效果較高。所以，你要一邊提供各種情報給上司，然後一邊引誘他採納你的意見。

而且這時候你還要附加一件幾乎是無法實現的意見，這樣可以增加你的說服效果。

這麼一來，上司就非得採用你的意見不可，而且縱然是採用了你的意見，但是決定者仍在他，因此，上司的面子也保住了。

在工作崗位上，想要如意地表達，實踐你自己的意見時，千萬不要忘了細心的顧慮。

【一流說服力37】向上司陳述自己的意見時，不要強迫他採納，只要提供他各種情報，並附加一些反面的意見就可以了。

．控制會議進行的三法則

前面已經介紹了幾個如何使自己的方案在會議中順利通過的方法，這個單元則針對如何洞察參與會議者的心理稍做說明。

如果能夠懂得看穿人心的方法，想明白參與會議者的各種心態即易如反掌，甚至可以控制整個會議往自己的意向進行。心理學家史提察研究小集團的生態活動，確定了下面三個「史提察效果」。

①曾經在會議上和你針鋒相對的人出席會議時，任何人都有想坐在他對面的傾向。

②當一個人發言完畢時，接下來發言的多半不是贊同其意見，而是持相反意見的人。

③主席的領導能力薄弱時，參加會議的人會想和對面的人談話，而主席的領導能力強時，則和隔壁的人交談傾向較強。

從這些史提察效果可以推斷出下面的結論。

①如果有人不管有無其他空位，偏偏坐到你的正對面，要覺悟這個人必定是要和你唱反調。會議進行當中，這些人都是「要注意的人物」。最好事先想好封住對方口舌的妙招。

②當有人發表和你相同的意見時，要在別人發言之前搶先做護援的進擊。如果讓對方意見推翻了你們的論點，想要再扳回局面就要大費周章了。

③發現會議席中開始有人竊竊私語時，觀察一下是那些人在交談，就可以判斷主席領導能力的強弱。如果你是領導級人物就可以利用這種狀況來改變你發言的強弱態度。

假使能夠把史提察效果深記在腦中，那麼要控制整個會議的進行也並不是不可能，而你的提議或方案應該可以不費唇舌而容易實現。

【一流說服力38】「敵人喜歡坐在你的對面，故要制敵機先」、「有人提出和自己相同的意見時要立即護援發言」、「發覺有人竊竊私語則可判斷主席領導能力的強弱」，應用這些史提察效果，可以使會議隨意進行。

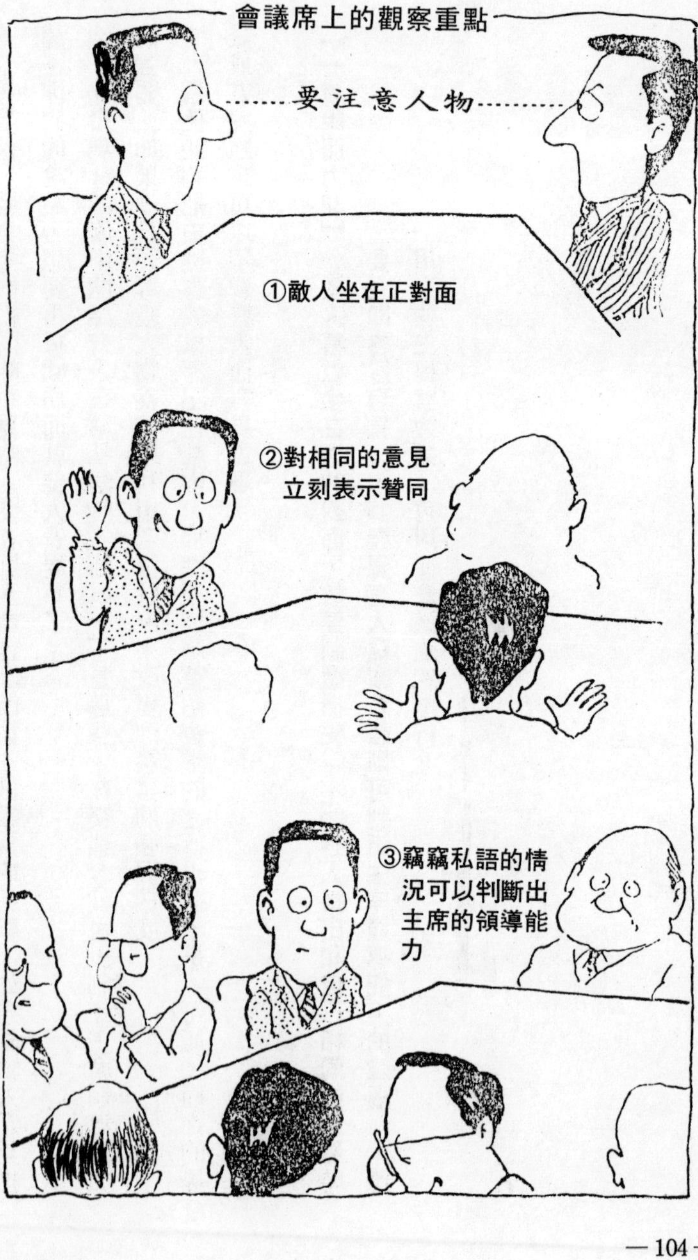
會議席上的觀察重點
要注意人物
①敵人坐在正對面
②對相同的意見
立刻表示贊同
③竊竊私語的情
況可以判斷出
主席的領導能
力

•「溫和」與「冷淡」二詞就能決定上司、同事的人品

當有人向你介紹下面這樣的人物時，你對A先生與B先生會有什麼樣的印象呢？

「A先生人溫和又聰明，做事勤快又果斷。」

「B先生人冷淡但聰明，做事勤快又果斷。」

像這樣介紹了二個人，你對A先生應該會有親切、能幹的好印象。

相反地，對B先生則認為是自我中心強，自以為是的人，而對他產生不良的印象。

但是，如果仔細看看介紹A、B二位先生的介紹詞時，實際上只有「溫和」與「冷淡」這二個詞不同而已，但是他們給人的印象卻差距這麼大，為什麼呢？

因為，一個人的印象形成，「溫和」與「冷淡」二詞所帶動的影響相當大。

心理學家亞敍和克里給某大學生一份下學期擔任課業老師的履歷資料，然後調查對老師的印象。結果看到A資料的學生與看到B資料的學生，對老師評價的差異非常大。

看到A資料的學生認為老師是容易相處、深謀遠慮、社交能力好、富幽默感、有人緣、給人親切感等等好的評價。相對的，看到B資料的學生則不對老師產生好感。

當然，A與B資料中所不同的只是「溫和」與「冷淡」這一點而已。光是一個詞的不同，就有這麼大的差別。

所以，「溫和」與「冷淡」所表現的形象的確會大大地影響到一個人所予人的印象。

分配給學生的資料

【A】

布朗先生
麻省工科大學
社會學科畢業
在他校有三年的
心理學科教學經驗
來本校是初次開課
他二十六歲，經驗豐富
已婚
認識他的人都認為他是
溫和、勤快、富批判力
講實際、富決斷力

【B】

布朗先生
麻省工科大學
社會學科畢業
在他校有三年的
心理學科教學經驗
來本校是初次開課
他二十六歲，經驗豐富
已婚
認識他的人都認為他是
冷淡、勤快、富批判力
講實際、富決斷力

心理學上稱之為中心特性。在公司必須向人介紹自己的上司或同事時，就要特別留意這兩個詞的用法。如此才能給予對方產生好印象。

而如果不得已必須向公司以外的人介紹自己的敵手時，可以這麼說「他看起來有點冷淡，不過做事認真……」那麼就可以趁機打擊對方了。

明白中心特性的效果，想使自己意氣相投的上司、同事獲得益處是輕而易舉的事，而且也可以隨心所欲地挫一挫競手的銳氣。

【一流說服力39】向別人介紹上司、同事時，技巧地使用「溫和的人」「冷淡的感覺」這兩個語詞，就可以改變對方的印象。

•「先褒後貶」與「先貶後褒」的差異

前個單元提及介紹人時的小智慧，接著就為大家介紹所謂「初頭效果」的心理法則。你從下面介紹A先生與B先生的說詞中，得到什麼樣的印象呢？

A先生　智慧型—勤勉—具批判力—固執—多疑

B先生　多疑—固執—具批判力—勤勉—智慧型

讓許多人來看這個介紹詞，結果發現，以「具批判力」這個評語而言，很多人對A先生則解釋為因其能力卓越，應該會有正確的判斷力，而對B先生的評語則是，因其人格上有所欠缺，大概不能有正確不阿的判斷。

而人物介紹詞中，對A先生與B先生所下的形容詞，只是順序上相反而已，用同樣的形容詞來介紹，為什麼予人的印象差距這麼大呢？

心理學上認為，最先使用的語詞一旦決定了該人的印象，那麼接下來的言詞都會被曲解本意，而失去作用，換句話說，介紹人物的時候，最先使用的語詞就決定了該人的整體印象，對於後面再提到的說詞，就不太關心了。

像這樣，最初的言詞影響到後面的言詞，以專門的術語來說稱之為「初頭效果」。所以，介紹人物的時候，要經常注意最早的語詞所具有的最大份量。譬如，在公事交涉等場合裡，向顧客介紹上司或同事時，要慎加選擇第一句介紹詞，才能給對方好印象。

「A先生在我們課裡是公認的好幫手，他……」這樣的介紹詞可以替被介紹的人建立好形象，先捧一陣再陳述一些缺點，也不會使他的評價降低。

【一流說服力40】一開始就用討好人的言詞來介紹，可以給人好印象，相反地，開頭就貶他一頓，可能引起別人不好的印象。

．人際關係建立在志同道合的感覺上

某位論壇高手談如何使談話圓滑的方法，據他說，徹徹底底地配合對方的論調與舉止，最具效果。這麼一來，對方會產生親切感，話題就滔滔不絕了。

譬如，對方若是說起話來毫無拘束的人，我們也要無所拘束地對談。而凡事是中規中矩的人，我們就要注意小節，配合對方的態度才能製造出融洽的談話氣氛。

聽到這一番話時，真佩服他不愧是論壇的名人。因為，這種作法以心理學的觀點看來，實在是巧妙的技巧。

美國的心理學家菲斯提葛對住在某大學宿舍的學生，從住入宿舍到以後的六個月做了追蹤調查，據說發現了下面這些跡象。

剛開始的時候，宿舍房間較接近的人，比較能夠成為好朋友，但是時間一久，行為舉止類似的人則較能成為一夥。前者的理由稱之為近接的要因，後者則稱為類似性的要因。這兩個方式對結交朋友有很大的影響。

所謂「物以類聚」，稱為朋友的人總是在某些地方有類似之處。仔細觀察，不難發現他們的言行舉止之間有許多共通的地方。

而且，稱得上是好朋友的人，大都是同班同學，或者是住在附近的鄰居，所以，由此可見「接近的要因」與「類似性的要因」都是構成朋友關係的重要因素。

那麼，如果反過來應用這個道理，應該可以潛入別人的心靈世界。譬如，對方認為你是「和自己脾胃相投」的人，一定對你不加設防。

在公司想和同事保持良好的人際關係時，應用這兩個要素就能達到效果。你一定可以給人和藹可親，容易相處的好印象。

【一流說服力41】意圖製造接近的要因與類似性的要因，不知不覺中就能獲得對方的好感。

‧如何尋覓排難解憂的「同志」

工作不順利或者犯了大錯時，情緒不安的狀況下，一般的上班族都會找幾個知心的朋友，傾訴苦水。

美國的心理學家沙克特從下面的實驗，證實了「人在不安時，會想找個人做伴」的心理。

協助這個實驗的女大學生到了實驗室，一位穿著白衣，自稱是吉魯斯坦博士的男子向她們說明「接下來麻煩妳們輔助我們做藉由電擊所產生的心理反應實驗，這個實驗可能會令妳們覺得非常疼痛，不過，不會有不艮的影響，請放心」。

然後又問她們：「在我做實驗的預備工作當中，希望妳們先在會客室等候。如果妳們想要單獨在會客室等候也可以，想和其他人在會客室等候也沒關係，妳們覺得如何？」

而實際上的實驗只到此為止，這時候陷入極端不安的女學生們，幾乎都希望和其他的人在一起。

從這個實驗我們明白，人一旦陷入不安，都希望和其他的人在一起。心理學上稱這種現象為「親和欲求」。

然而並非隨便一個人即是她們想在一起的對象，大部分都儘量找和自己有相同境遇，或性格類似的人做伴。

正所謂「同病相憐」的景況，在醫院的候診室和自己有類似疾患的病人交談時，不知不覺就會覺得心安。

根據某項調查我們發現，感情好的夫婦大多數是彼此具有許多的共同點，而支配性格與被支配性格的人，保護性格與受保護性格的人，彼此需求相反性格的配偶也很多。從這個事實，我們可以說想法與境遇類似，而表現法相左的人是可以彼此吸引的。

當你在公司，陷於一籌莫展的工作僵局時，能給你鼓勵，寄予安慰的人可以說都是意見和你一致而表現法相異的人。如果要在公司結成同盟關係，尋找一些好助手時，最好是選擇這樣的人。

能不能擁有這樣的「盟友」，於今後你是否能在公司竄升高位有著極大的影響。

【一流說服力42】在公司內連結幾位境遇類似的朋友，可幫助你消除不安，避免危機，而且成為將來的奮鬥盟友。

•打開陰霾，撥雲見日的自我訓練法

我在大學每個禮拜都有講課，一年當中總有身體不適或者心情不佳的時候。當然這時要到學校總覺得懶散提不起勁來。

而身為教職糊口的人，是不能翹課怠職的，所以，不論在那一種情況之下都必須上講堂授課。

這時候我都表現出一副神采奕奕的精神，因為唯有力圖振作，才能授課上軌道，吸引住學生的注意力。

在前一章曾經提到過，心理學上所稱的「實務練習法」（Role playing），當自己扮演某個角色時，不知不覺中自己就成為該角色的性格人物。

所以，「精神飽滿的我」自己這麼地實務練習，就能經常做好授課職責。

當然剛開始的時候，演技不純熟，多少有一點假態，可是慢慢地時日一久，就能眞假莫辨了。

這種實務練習法，對商場界的人士有相當大的助益。譬如，當你工作提不起勁來，故意使自己表現得幹勁十足，就能引起自己的工作熱忱，逐漸地使自己的身心都活躍起來。

你激勵風發的工作態度，一定會使周遭的人對你刮目相看。

縱然只是聲調強弱的改變，或者是舉止上的不同，也可以促使心理上的積極意願大為發揮。

「最近怎麼覺得意興闌珊」在這種時候，你若能應用實務練習法，對你會有很大的幫助。

一定會在不知不覺中氣氛一轉，返回精力充沛的狀態。而且做實務練習法，可以使你的腦筋運轉變得靈活。上司對你也會重新評估，認為你是個神采飛揚，幹勁十足的好部屬。

【一流說服力43】對工作提不起精神的時候，運用一下「實務練習法」可以使自己變得精神飽滿幹勁十足。

‧預防身心遭受轟炸的情報選擇術

在商場界掙一口飯吃的人，經常置身於衆說紛云的情報衛擊中。和顧客的交涉，上司的命令，同事間的情報傳遞，大衆傳播媒體的報導等等資訊，只要你置身在公司，就無時不被情報追著往前跑。

如果要把這些情報全數吸收，就要花費自己所有的精力完全投入，每天積悶日深，不久可能變得身心疲憊，而懼怕進公司了。

在心理學上對於各種情報超過個人處理能力的狀況，稱為「環境負荷過剩」。心理學家米魯古拉姆舉出下面四個應付環境負荷過剩的對策。

①縮短對付各式各樣刺激（情報）的時間 ②不在乎不重要的刺激 ③把責任轉嫁給他人 ④不和他人直接接觸，利用社會上的公共機關、設施。

如果把它應用在公司裏面，就變成下面的結果。

①對上司的報告，與同事之間的照會，儘量越短越好。而和顧客之間的交涉，則儘量以電話解決。

②不要在乎公司內的謠傳，與自己無利害關係的商場情報。公司的報章雜誌，商場的相關報導，只瞄一瞄必要的記事，其餘的看看標題就可以了。

③可以放手的工作儘量留給後進職員去做，收集簡報、整理拷貝文件、企畫的摘要處理……很多工作其實是不用你親自插手的。這些工作就委託別人來做。而且，重要事項的最後決定則委由上司下判斷。

④律師、會計師、顧問等專家要多活用，用時也要儘量利用公司的資料室、企畫部。

像這樣主動地減輕在公司的環境負荷過剩下的刺激。巧妙地減少情報的刺激，就可以使身心大為舒暢。

在美國的超級企業裡，最高級的經營主管（CEO）擁有公司業務的最後決定權，不過，平常公司內的業務決定則委由最高商業主管（COO）處理，只做稽查的工作而已。

目前很多企業部引進CEO—COO的經營體系。這個系統由某個角度看來，也可以說是另一種對付環境負荷過剩的對策。

【一流說服力44】要逃避洪水般情報壓力，有縮短刺激時間，捨棄不必要情報，責任轉移，活用專家四個方法。

•讓自己廣受矚目，展現魅力的方法

曾經有專家在美國一個七十公尺高的吊橋上，做過有趣的實驗。

一名男子踱過一座搖搖晃晃的吊橋後，碰到一名女子。然後實驗者問該男子對那名女子的印象，發現他所認為的是魅力十足又性感的女性。

這是男子在搖晃的吊橋上，由於恐怖引起了乾渴，造成心裡七上八下的生理變化，而誤以為是性興奮的緣故。

換句話說，「覺得口乾舌裂，心裡一陣悸動，是因為那名女子長得美又性感的關係。」這個判斷是以自己的猜測配合自己的情況而來的。

而另外一個實驗是，在固定的腳踏車上快速踩踏之後，讓受驗者看色情書刊，來調查其對性的興奮程度。結果，五分鐘後對性的興奮就提高了。

五分鐘的間隔，表面上好像是運動所造成的生理反應已經恢復了，其實心跳仍是快速，運動的影響多少留下作用。

為什麼五分鐘後對性有了興奮感呢？一般在運動完後，大家都明白身體上的興奮是緣於運動而來，但是隔了五分鐘卻誤認是看了色情書刊才有的性衝動。

從這二個實驗我們明白，生理上的興奮經常被認為是性興奮。

所以，實際上是恐怖與運動所造成的心悸，錯以為是對方魅力所造成的。

運用這種心理作用，想使自己在女職員面前顯得魅力十足，可以在公司舉辦的活動中，邀女同事參加賽跑等運動，效果不錯。

她們一定認為你格外年輕，顯得意氣風發，那麼，你在公司內的評價一定會水漲船高。

當然，這個戰術不只限於公司內的女職員，對你抱有好感的特定女性也可以如法泡製。

【一流說服力45】應用人經常把「生理上的興奮誤以為是性興奮的心理」，就可以使自己在女職員面前表現得魅力十足。

●桌面的整理會改變形象

你的辦公桌，現在展現的是什麼樣的面貌呢？如果是書夾、文件雜陳、文具用品四散一桌的混亂場面，建議你趕快收集整齊為妙。

因為，桌面這樣地雜亂，搞不好你在上司的眼中已經烙印了無能的形象。

譬如以「零亂的房間」和「井然有序的房間」為背景，把這個房間的主人的照片拿給第三者做判斷，結果似乎都是後者的評價高。

這是因為房間內的景物變成該人行動的痕跡，而給第三者非語言的訊息傳達。

換句話說，從房間的樣子可評斷出一個人的工作情形及人品，所以「房間井然有序」的主人比起「雜亂無章」的主人，給人的印象較具信賴感。

所謂行動的痕跡，就是傳達給第三者各式各樣的情報根據。如果你的桌上零亂不堪卻一點也不在意，那麼你在同事之間的印象，大概也脫離不了一個「邋遢」吧！

而在心理學的研究報告也指出，在髒亂的房間裡也能毫不在意的話，會有「頭痛」「想睡」「心焦」「疲倦」「產生敵意」等負面影響。

相反地處在整潔的房間裡，則會有「心情好」「舒適感」「快樂」「覺得神氣」等好處。

從這項報告看來，你在公司中的城堡——辦公桌，如果經常整理清潔，對工作應該有相當大的助益。

當然有的人認為「桌上零亂擺設較能投入工作，太過於整齊有序反而不能專心。」

但是，散亂一桌的桌子，骯髒的房間，當事人即使不在乎，也會給別人不良的影響，所以還是自我約束較好。

【一流說服力46】桌上零亂不堪，會使上司認為你工作無能。相反地，經常把桌上雜物整理清潔的人，予人的評價較高。

•一旦拒絕別人的邀宴，會造成什麽結果

走進辦公大厦林立的餐廳飯館，經常可以看見一些中堅的職員不滿地抱怨說：「最近新進的職員越來越大牌，我們這些老資格邀請他喝酒，竟然不給面子……。」

甚至有的人氣憤大罵「老前輩要抬舉你，急急忙忙地回家幹什麽！」

隨著時代的變遷，以前把所有的精力投注在公司的人際關係的生活方式，已經轉變為，除了在工作崗位上必須維持某種程度的人際關係之外，還要擁有私人的更多層面的人際關係。

換句話說，年輕人把工作與私生活畫分得相當清楚，不僅是要在公司內畫分出公私分明，更重視個人擁有的屬於自己的世界。

因此，工作完畢之後，不太願意把個人的時間耗費在與老職員聊天，打人際關係。

但是，對老一輩的職員而言，工作場所是他的全部，對新進職員好像自己的子弟一樣，想照顧提拔，所以，在這一點有相當大的心理隔閡。

也許老職員也想吹噓一下自己在工作上的表現，希望在飲酒當中讓後進拍一下馬屁。

這樣的心態下，新進職員卻一而再地拒絕自己的美意，可能因此而造成磨擦。所以，還是適

當地和前輩交往，才不失為良策。

前幾個單元裡也提到過，人具有和他人保持同步調的傾向，如果一味地拒絕這種同步行動，說不定會被排斥在團體之外。

所以，大約對三次的邀請，附和著隨行一次，應該比較得體。

【一流說服力47】先進職員當中，有人認為不參與飲酒聊天的新進職員，在工作態度上有問題，所以，要適當地和前輩交往才不落人口實。

‧為什麼說謊比老實招供有效

你大概有這樣的經驗吧。在餐廳和朋友數落上司及同事的不是，一口一口地灌黃湯，不知不覺地就酩酊大醉。搭計程車回到家倒頭就睡，一覺醒來發覺已經是九點了，正是公司上班警鈴大響的時候。你的二日醉一下子就清醒，臉色變得蒼白……。

碰到這種事，你都是怎麼處理的呢？總不能向公司裝作什麼都不知道的吧。一定都會以下列二種方式中的一種為自己大作辯解。

①「真抱歉，睡過頭了。現在立刻就到公司！」老實地報告自己的過失。

②「對不起！孩子生了急病所以遲到了，本來想早點打電話聯絡，但是匆匆忙忙來到醫院，所以……。」把自己遲到的事實一概隱藏不提，徹徹底底地說謊。

那麼，這二種方法，以心理學的觀點來評定其好壞，結果是②的方法較好。

一般，和人約定時間見面時，如果對方遲到了，往往會認為對方沒有打算見面的意思。如果是工作上的照會，就會被認為是對將要商量的事沒有興趣。

像這樣，對遲到本身的時間差誤倒不以為意，大部分反而是用心猜測其遲到的背面理由。為什麼不想見面呢？對方就胡思亂想起來了。

這種情形下，據實招出遲到的理由，不是引起了反效果嗎？因為對方所在意的並不是遲到的本質，而是心理方面的原因。所以狠下心來徹徹底底地說謊，反而不致於造成對方的誤解。「交通阻礙……」「自己出了一點小麻煩……」諸如此類地向對方報告的話，縱然是顯而易見的謊言，至少對方不會亂加猜測，以為你不想見面。

從這個道理看來，當你上班遲到的時候，即使你的謊言一穿即破，還是說了為妙。也許上司心裡面想「還不是裝病……」，卻不會認為你是不願意來上班。

想反地，一五一十地老實招供，搞不好被以為是故意作對，而被視為危險人物。

以前有人這麼說「做學生的經常眼見父母危急的時候」，因為，一有翹課的事情發生，理由不外乎是「家父（母）突生疾病，情況危急……」等等。進入社會工作的人了，再用這一招已經行不通了，所以，必須要有各種說詞的腹稿才行。

話雖如此，一個經常遲到的人，再怎麼辯解都沒有用。這裡想要提供給大家參考的，是針對突發性事件所採取的對策罷了！

【一流說服力48】工作上的約會遲到時，對方會開始疑心你何以遲到的背面理由。因此，萬一遲到了，縱然是顯而易見的謊言，也要捏造，以免讓對方瞎猜疑。

‧小心！能幹的職員最容易引起醜聞

報章雜誌競爭激烈的今天，那一家挖到內幕消息、名人醜聞，那一家就銷售一馬當先。為什麼世上的醜聞情報氾濫到這個地步呢？說穿了，不過是大家都喜歡揭人隱私，樂見醜事發生的心理在作祟。

現代人對於受福神關愛，兼有富貴與名聲，功成利就的人，都有潛在性的羨慕與嫉妒。這時候，他們的醜聞事件可以帶給人們痛快與優越感。

如果你能夠明白，所謂的醜聞是在人們的羨慕與嫉妒心下蘊釀出來的，而你又是踩在別人頭上，出類拔萃的能幹職員，就要十分留意，不要介入醜聞的風波裡。

否則，同事或屬下一旦抓住機會一定大肆宣揚，鬧得不可開交。到了這個地步，想要止住謠傳已經回天乏術了。

也許在你的身邊已經隱隱約約散發出醜聞的火花了。越有實力的人越容易捲入醜聞的風波，千萬要留神。

【一流說服力49】極度的羨慕與嫉妒是造成醜聞事件的原動力。能力越好，出頭得越早的人，越容易被醜聞纏身，所以要深自戒慎才好。

●競手設計的假醜聞圈套

從報章雜誌上得知，聞名全球的好萊塢電影界，似乎面臨著「愛滋病恐慌」的襲擊。

從洛赫遜死於愛滋病後，到處謠傳著其他許多明星也患有愛滋病。而被傳言染有愛滋病的明星似乎每天都忐忑不安，擔心從此失去了工作。

這些謠言之所以鬧得滿天飛，必須有二個條件。其一是謠傳的內容必須是大家所關心的。而它若是和當事人有直接的關係時，受人的注目就更大了。

另一個條件是，謠傳的內容曖昧不明。由於愛滋病的真正肇因並不清楚，所以，只要是臉色顯得不好，就被誤認為是愛滋病患者。

當人們所關心的事，同時事實的真實性又撲朔迷離地交雜著的時候，謠傳會以超乎想像的速度迅速傳遍開來。

如果有人惡用這二個條件，譬如說，競手在公司內散佈你的醜聞，那麼要阻撓你上進就易如反掌了。

捏造一些風流事件、賄賂等謠言，四處散佈，把競手逼得走投無路，這種職員在任何公司都不乏其人，所以，你可不能疏忽大意。

如何不被流言中傷，最重要的仍是要看緊對手的動向，根據對方的意圖，當然我們也可先發制人。

【一流說服力50】如果具備了大一家所關心的，而且事實又不明確這二個條件時，謠言最容易散佈開來。不要被對手捏造的醜聞絆倒了。

•對OL沒有比拍馬屁更能博得她們的歡心

在高唱男女平等的今天，男女在職位上的差距已經日益減少了。由於女性的能力受到普遍的肯定，原本專屬男性的工作，也有女性任職了，因此，在薪資的給予方面也漸漸趨向平等。未來的商場界一定是女性和男性對等地競爭，平分秋色的局面，所以，如何和女職員保持良好的人際關係，將是今後的一個重要關鍵。

要讓女職員產生好印象，就是儘量地拍她們的馬屁，因為，不論男女，對於奉承自己的人都會產生好感。

尤其是在父母呵護下的千金小姐，「奉承的效用」威力更是不可限量。心理學上有下面的實驗，來調查讚美的效果。

男學生向女學生傳達下面的訊息。

①「我喜歡妳，我覺得妳親切、聰明、能幹」。

②「我不喜歡妳，我覺得妳既不親切，又不聰明也不能幹」。

實驗開始之前，讓半數的女學生以為傳達訊息的男生是辨別能力強的人，而剩下的半數則以為他們是缺乏辨別能力的人。

當以上二種訊息傳達完畢之後，調查她們對男生的印象如何，結果傳達①號訊息的男生，普遍博得女生的好感。

換句話說，對於讚美對方的男生，女生都覺得非常好感。而且，如果讚美自己的男生是辨別能力強，這種傾向更顯著。

所以，要讓女性產生好感，讚美對方是最具效果的。而且，如果你在女職員眼中是能幹、有見識的人，這個效果更高。只要能奉承她們，使她們唯你的意是行，那麼，你在公司內的評價一定高人一等。

【一流說服力51】要拉攏有成就的女職員為同黨，必須能懂得奉承、讚美。

●和老資格女職員的相處之道

不論在那一家公司，都有一些老小姐似地，常常喜歡在小事上挑毛病，專愛扯年輕職員後腿的老資格ＯＬ。

她們對於日常業務的細微工作，都有長久的豐富經驗。所以，只要看到一點小毛病，就得理不饒人。

萬一，你想給予反駁，鐵定你會遭對方狠毒的白眼，而不得善終。那麼，應該如何和這些老職員相處呢？

男女兩性的智力測驗結果，是有個別的差異，但是，一般而言女性比男性較為心細。

另一方面，在綜合思考能力上，女性就略遜於男性。所以，希望大家能對女性的一般傾向有所認識。

一般，這類型的女職員對公司大事都沒辦法插上嘴，但是一提到傳票的寫法，資料的整理具體實務時，就全是意見。也許可以說她們是藉著在小事上的表現，來維護自己無法參與大事的自尊吧。

大多數的情悅下，對她們而言，把傳票寫得正確漂亮，是她們在工作上的唯一「自我表現」方式。

「這樣寫就差不多了吧！」「資料雖然有點混亂，看得懂就可以了」要是你不視她們的建議，予以反抗，會嚴重地傷害到她們的自尊。這麼一來，不但會激怒她們，還會使事態易形惡化。倒不如奉承一下她們，才不失為明智之舉。「對不起，我不知道怎麼書寫傳票，教我好嗎？」光是這一句話，就可以使她們的自尊心受到尊重，而對你產生好感。

然後，再順勢問她們「○○計畫，妳覺得怎樣？」把話題轉向抽象的話題，她們就無從生氣，而且和你的關係能夠保持友善。

【一流說服力52】切忌和老女職員在瑣碎的事上起爭執。向她們示弱請教反而會博得好感。

〈一眼就能洞察對方的待人心理戰術②〉

（容易產生錯覺的對方表情）

在商場和顧客交涉中，經常會利用眼角餘光，從對方的表情來猜測其居心。但是，看似簡單，其實並不容易。

有不少人誤將對方的表情與心情結合在一起，以為對方面帶微笑，情緒不錯，結果因為自己表錯情而把事情弄砸了。

在次頁圖上「快—不快」「注目—拒絕」二極的表情變化可由圓形尺度來表現。從睜眼張口，緊閉雙唇等表情的變化，可以洞察出對方的心意。

不過，如圖所示的，「愛、愉快、幸福」不可能誤解為「生氣、決心」的相對表情。但是，卻常常和相鄰的「輕蔑」「驚訝」弄混了。

經常到事後才發覺原本以為對方對自己的提案有興趣，不料人家卻是早已煩膩了，為了避免這種判斷的錯誤，必須在腦裡好

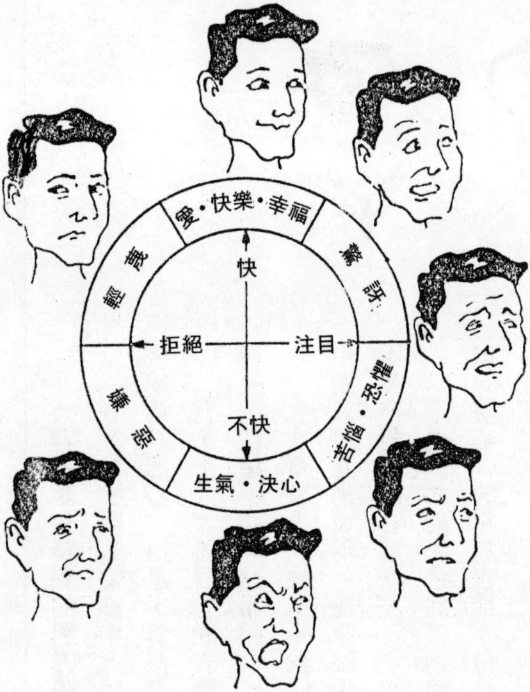

好地過濾一下上面的圖示。

一般，在揣測對方的表情時，都會注意其眉頭眼角的轉動，而不太注意對方嘴邊的變化。但是，從這個圖示我明白嘴角四周也能表示各種的感情。

如果把嘴邊視若「盲點」，實在有注意觀察的必要。

另外，還有一個實驗是，拍攝說謊者的影片，一種只拍頭部以上，另一種則拍全身，讓受驗者看影片說出自己的印象。結果，照全身的影片，較容易被拆穿其說謊。

也就是說，從搖膝、晃肩等不自然的動作，容易識破對方在說謊。

因此，為了不要將對方的心情弄錯，不光是從表情，還要十分留意對方的動作及態度，很多人雖然臉上掛著微笑，其實心裡面卻是在盤算著你呢！

〈會議席上的有利方位〉

因為在會議席上所佔的方位不同，會大大地影響你的發言能力。如何讓同事相形見拙，使上司重視你的存在，坐那個方位最好呢？

看一看次頁的簡圖。心理學家認為①、③、⑤的位置是領導席次，如果你想要掌握整個會議的主權，就早一點到會議室，，選擇這些位置坐。

而喜歡坐在①、⑤號位置的領導人物，一般都是在討論解決問題的對策時，主導型的精力充沛型人物。

喜愛③號位置的領導者，則較重視參加會議同仁的人際關係，是所謂民主作風的會議主腦。

如果是正式的會議，那麼就坐①、⑤位置，而若是腦力激盪的會議，想要集思廣益的時候，就坐在③位置。

而②與④是不熱中出席會議者所坐的位置。

如果經常坐這個位置，就變成不受矚目的人了。想要表現自己，受不注意，千萬要避開

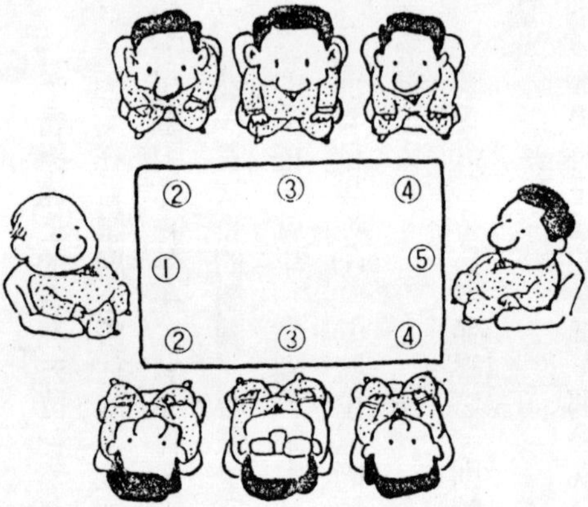

這個位置。

萬一，你出席會議遲到了，必須坐在不利的位置時，除了積極發言外，別無其他改變的方法了。

一般右手邊稱之為「上座」。如果上司右側的位置空著時，就可以選該位置坐下。

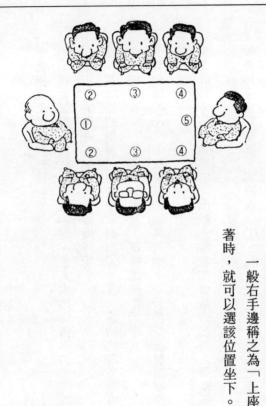

第三章——創造鬥志的操縱部屬心理戰術

•如何矯正一個命令一個動作的職員

最近一些年資豐富的職員，時常抱怨這一代的新進職員，只會做上司命令的工作，其他的事一點都不關心。

事實上這種現象，在我們學術研究圈裡也經常可見。目前的學者除了指導教授所指示的研究內容，積極地探討之外，對於自己去發掘問題，向問題挑戰的意願很微薄。為什麼年輕一輩會欠缺和事物搏鬥的勇氣呢？我本身也做了多項的分析，同時根據調查，有百分之六九•七的新進職員在別人眼中是「一個命令，一個動作」，而百分之六八•六的人則表現出重視個人興趣與私生活的態度。

換句話說，年輕一輩雖然也重視工作，但是對自己的個人世界也相當珍惜。

老一輩職員卻沒有這種想法。一旦就職，身為公司的一份子，就和學生時代的興趣與休閒生活完全斷絕關係，全身投入工作行列。藉著自己在工作的參與，從工作中獲得肯定——工作崗位即是「自我表現」的地方。

但是，現在的職員雖然也在工作中表現自己，他們更傾注全力，在私人的活動中找尋自己。所以，當然除了公司的命令之外，不會主動去做別的事情了。

對於這些想投注心力在工作上的年輕人，光是激勵他們要「拿出鬥志」，也是徒勞無功。

重要的是，要警醒他們對工作的參與感。最好是加重他們工作的責任感。讓他們負責某項企畫工作，就可以使他們擺脫「遙控式職員」的巢窖。

這樣一定可以使他們覺得「自己之於公司是不可或缺的人物」。但是千萬不可以託付給他們太容易的工作，或者是太難的工作。交待他們能力所及，卻不是一蹴可及的工作，才能使他們飽嘗工作的成就感。

如果對待屬下，只是遙控式地掌握，說不定在對方心裡開始產生疑惑「不跟這個上司或待在這個公司，在別的地方，我依然可以工作啊！」

【一流說服力53】付予遙控式新進職員稍具難度的工作，會使他們轉而成為「在長職員工」。

‧給無法發揮的中堅職員一劑強心劑

任何一個公司裡面都有一些對工作抱著熱忱，但性格過於溫厚，而無得伸展，或者是欠缺領導後進，發揮長才的中堅職員。

由於具備了工作的相當能力，想提拔起來當管理職位，卻因為領導能力發生問題，沒辦法給予高位的情形下不在少數。

而我想對有這種煩惱的管理人員進上一言的是，頭銜是可以培育人才的，換句話說，不懂得領導技巧的中堅職員，擁有一個頭銜時，由於努力想表現得稱職，是可能培育爲一名優秀的管理人員，為什麽我會這麽說呢?因為當一個人扮演某個角色時，不知不覺中就會表現出適合該角色人物的樣子，這在心理學上已經得到了實驗的證明。

心理學家吉姆巴特做了一個實驗，將一般人送進監獄，讓某些人穿著囚衣，扮演犯人，而讓某些人穿著看守所的制服，扮演監察人員。經過數天之後，在不知不覺中實驗者完全變成了自己所扮演的人物。

扮演監察人員者漸漸地能極其自然地命令囚犯，表現出權威人物的模樣，而穿囚衣的人，對命令表現得非常馴服，一聲令下，大家就悄然無聲。

另外，某小學也做個這樣的報告。當指定不出色的兒童當班長的時候，該兒童在班上的地位一下子提高，開始表現出對同學的領導才幹。

諸如這般，當一個持續扮演某個角色時，不知不覺中似乎就成了該角色的人物了。當一個人擁有了職稱、頭銜時，一定會自己努力去表現適合該職稱的樣子。

【一流說服力54】人在扮演一個特定角色時，會變成該角色的人物。縱然是有一點問題的部屬，還是儘量給他們冠上頭銜。

‧判斷部屬的專長給予發揮的技巧

部屬的種類是形形色色，有的人努力爭取，想要表現自己，而有的人則是劃地自限，安於現狀。

以心理學來分析，想出人頭地類型的人，明顯地給自己較高的評價，而要求自己較高的水準。這種類型的人，在考大學的時候，都自以為是秀才，非常用功地參加升學考試，而就職之後又向高於自己能力的難度工作挑戰，主要是因為自己對本身的要求水準過高的緣故。

相反地，安於現狀不求突破表現的人，則是對自己的要求水準過低，看輕自己的工作能力，以為自己能做的就到此而已。

每個人對自己的評價都不一樣，而在工作崗位上，身為上司的人，重要的是要能正確地了解部屬本身的要求水準。

對於自我要求高的人，付予超過其工作能力的任務，一定會做得有聲有色。雖然這類型的人自尊心較強，經不起挫折是其弱點，但是，由於雄心壯志的本質，會生氣蓬勃。

另一方面，對於自我要求低的人，除了經常在背後鞭策之外，別無他法。

這種典型的人，如果輕易地向比高出自己能力的工作挑戰，恐怕會因為失敗而大大地受到創傷。

前者的典型是自尊心高過深思熟慮，而後者的典型則是凡事小心翼翼，經常以百無一失的方式來處理事情。

所以，對後者要經常給予信心，讓他對自己的能力重新肯定。

【一流說服力55】看出部屬自我要求的高低，自我要求高的人要委任他較難的工作，而自我要求低的人則要不時地為他打氣。

・根據工作情況，以頭銜或高薪獎賞

我曾經在報上讀到某一著名的企業家這樣地回答記者的訪問：「過於能幹的職員，我給他們頭銜，而對於有功勞的職員則給他們高薪，這是我管理部屬的原則。」

原來如此，當時我大為欽佩這樣的妙招。因為這個做法巧妙地洞察了人的心理，實在是了不得。

前一個單元介紹了測知職員自我要求高低的方法。而在這裡我想要為大家說明的是，由於要求水準的高低不同，會影響到一個人完成任務時的意願，換句心理學的術語來說，就是「達成動機」會不一樣。

自我要求高的人，對任何事都懷著野心，挑戰的鬥志相當高昂。而這種典型的人具有希望完成某項任務時，得到周遭人認可的強烈動機。相反地，自我要求低的人，認為自己的能力只可到達某個限度，所以，對工作的完成動機也非常薄弱。

前者的典型由於對工作抱持著過度的熱忱，所以，當他在工作上表現傑出的時候，給他一個新的職稱、頭銜，就能使他再向前衝。對這種人來說，擁有一個相當的頭銜，才是真正的論功行賞。

而後者的典型，一般都是既不表現也不氣餒，經年長久地默默耕耘的人較多，這種典型的人，如果輕易地給他冠上一個頭銜，他表現的會和前者相反，也許認為這是他能力的最高限度，最壞的情形下還可能逃避工作。

換句話說，對工作表現出積極時，就會洩露出自己的實力不足，因此為了避免使自己臉上掛不住，往往就輕移目標向工作以外的事發展等等。

對待做事認真卻對工作的達成動機薄弱的人，用報酬來犒賞他是最好的方法。

前頭那位企業家所說的「給能幹的職員頭銜，給有功者酬勞」的見解，在心理學的觀點看來，也可稱得上是一句人事經營的名言了。

【一流說服力56】自我要求的水準不同，其達成動機也不一樣。給高水準的人頭銜，給低水準的人酬勞是最上策。

‧抱怨屬下無能之前，能否對屬下有個期待？

當人對某個人抱著期待的時候，對方會依著這個期待來表現。這種現象存在於人際關係當中，心理學上稱這個期待所產生的效果是「比哥馬利恩效果」。

比哥馬利恩是希臘神話一個國王的名字。據說這位國王的彫刻技術非常精湛。某天，由於自己所彫刻的女像非常的姣好，竟愛上這個女像，甚至還強烈地渴望木彫女像能夠變成現實中的女性。

看到這個情景的神，被比哥馬利恩的純情所感動，就往彫刻木像吹了一口氣。於是比哥馬利恩如願得償，和這名女子結婚了。從這個比哥馬利恩的傳說，在心理學上就把對方依期待而去實現的現象，稱做「比哥馬利恩效果」。

美國的心理學家羅傑索爾，以下面的實驗，證實了比哥馬利恩效果。他要求某小學的級任老師讓他給學生做智能測驗。

事實上只是普通的ＩＱ測驗而已，但是卻故意對級任老師說：「這個測驗可以確實地預測兒童未來的學業進步情形，點數高的人，一年後一定直線上升。」然後把其中幾名孩子的點數故意打得比實際高，再把測驗結果告訴老師。

一年以後，調查這些學生的成績，發現故意給高點數的兒童，成績比一般的兒童明顯地高出許多。這無疑地是老師對於成績據說會提高的兒童所投注的期待，使得這些兒童進步了。

對某特定人物寄予厚望時，對方也會努力去實現這個期待的「比哥馬利恩效果」，應該也可以大大地在公司內活用。

身為上司的你，如果能夠相信部屬的能力，從心裡面給予期待，部屬一定會努力去達成你的願望。

這種說法也許會有讓你摸不著邊的感覺，說明白一點，當你抱怨部屬無能之前，倒不如相信部屬的能力，這樣使部屬充分發揮能力，才具效果。

聚集在公司內的人，有各式各樣的典型。有的人是凡事細心，百無一失，有的人是人際關係做得非常好，而有的則是公司內的甘草人物，性格活潑開朗等等。

在你眼中有缺點的屬下，一定也有他某些專長，所以不要性急地斷定部屬就是無能不成器，要忍耐地寄予厚望。這麽一來，縱然是工作能力稍有問題的人，一定會有一番好的作為。

【一流說服力57】上司如果對部屬帶著期待，由於「比哥馬利恩效果」，連不成才的職員也會開始努力。

●什麼樣的上司能讓部屬對嚴格的命令順從無違

心理學家米魯古拉姆，用下面的實驗，證明了善良的人容易馴服冷酷命令的事實。告訴扮演教師的受驗者，當學生答錯課題時，用電擊給予處罰。當學生再度犯錯的時候，飾演教職的人必須再給予更強的電擊。

實驗持續做下來，由於學生反覆地做錯，受驗者不得不再施加強力電擊。

當電壓高達三百伏特，學生開始覺得疼痛了，在調節電壓的按扭旁邊，有寫著「危險」「強刺激」等注意文字。

大多數的教師（受驗者）不忍心看學生痛苦的樣子，都提出要「中止實驗」的要求。但是，命令他們再持續這個實驗時，事實上有百分之六十五的人還是順從這個殘酷的命令。

為什麼會有這麼多的人會平心靜氣地執行令人心痛的工作呢？因為扮演教職的人心想既然參加了這個實驗，下命令者的實驗者當然是無可置疑的權威人物，不應該違背命令。

像這樣，若是命令是出自對自己而言是正當權威人物的口中時，縱然是再怎麼不可理喻的命令，也會順從遵守。人就是具有這樣的心理弱點。

到醫院看病，如果醫師命你把衣服脫下時，縱然是荳蔻年華的少女，也會毫不遲疑地展露身軀。

這無非也是她們認爲醫師是適於下達這種命令的人。如果，醫師是在街上叫過路的女性脫下衣服，不遭人耳光才怪。

從以上的事情看來，如果想要讓部屬服從命令時，能否讓部屬認為你是「具有正當權威的人」，是一個重要的關鍵。

如果想要讓部屬忠實地服從你的命令，身為上司的你必須表現出權威者的形象，讓部屬確信你是位才能兼具的上司才行。

經常對部屬做保證說：「我會負責，不用怕。」表現對部屬的權威感，是身為上司者必要的條件。

【一流說服力58】如果你在部屬的眼中是一位敢做當的權威人物，那麼，縱然你的命令是強詞奪理，部屬也會馴服地遵守。

●上司的「威嚴」可從部屬親近的情況探知

您是否有過這樣的經驗，當你坐在公車的座位上，有陌生人要坐在你的旁邊時，會自然地往旁邊挪一下位置。這主要是因為個人空間被別人侵犯，在無意識之中覺得有窒息感。

所謂的「個人空間」，是指任何一個人都擁有的，拒絕別人侵入的空間，換句話說是「自我的延長」，統攝住身體四周。

動物會在電線桿或樹下小便，藉以畫分自己的勢力範圍，而防止外人侵入。也就是說牠們的勢力範圍是固定的，但是，人的勢力範圍則隨著人的移動而轉移。由事實看來，所以有的人也稱個人空間為「可轉移的勢力範圍」。

當做了一個實驗，看看接近人到某個距離會使人產生不快時，發現「個人空間」事實上是有個別差異。

一般而言，女性比男性的個人空間小，而小孩又小於大人。越內向的人，個人空間越大，有暴力犯罪行為的人，其個人空間比普通人大約四倍。

同時，個人空間也因對象的不同而有大小之別。一般而言，陌生人、地位崇高的人、有威嚴的人，或者是不愛說話的人，大家都不太想要接近他們。

原因是面對這些人時，自己的個人空間會擴大，相反地，對於親切的人或者是爽快的人，個人空間反而會縮小。

像這樣，每個人所擁有的個人空間，會因為對象的不同而擴大或縮小，因此，由這種跡象可以輕易地判斷出自己在別人的眼中是什麼樣的人物。

假使在公司的走道和部屬擦身而過時，如果部屬稍微避開你地走，那麼你在部屬眼中大概不太受歡迎。

當然，如果換一種方式講，你大概在部屬眼中是相當具有「威嚴」……。

【一流說服力59】當別人侵入自己的個人空間時，會覺得窒息難耐。從部屬的個人空間大小，可以猜測身為上司者的威嚴。

部屬站得遠遠地向你報告時，一定有什麽問題

前個單元提到個人空間的問題，而我也曾經做過一個應用這種現象的有趣實驗。

將受驗者分成兩個小組，每組依序指定一個人，讓其中一人做有趣的作業，另一人則做非常無聊的作業。作業是在單獨的室內完成，當作業完畢之後，還必須對下一位受驗者說「這真是有趣的作業」。

事實上做有趣作業的人，據實相告倒沒有什麽不妥，但是，對於操作無聊作業的人，就必須違背良心說謊話了。

然後，觀察這二組人向下一位受驗者說話的情景時發現，必須說謊的那一組人比起不必說謊的人，在做報告時和對方相隔距離較大。換句話說，當心中有愧的時候，個人空間會擴大，而無法接近對方。

如果觀察一下小學生向老師報告測驗成績的時候，也會發現成績差的孩子會站得遠遠的，相反地成績好的孩子就挨向老師做報告。

也許有人會怒斥我說不要把部屬當成小孩子。不過正如這些實驗告訴我們的，觀察對方和自

己採取的距離關係，是可以猜測出部屬的居心。

當部屬來到上司面前做報告，要站在一個顯然不自然的位置上時，你可以認定他心裡一定隱藏著什麼事。偷懶？出差錯？不論如何，對方一定對你隱瞞著某些事情。

相反地，手按在上司的桌上侃侃而談的部屬，您應該可以放心了。他一定是盡全力遵從您的命令。

所以，如果能夠明白個人空間的作用，就可以看穿部屬的心事。而觀察部屬所採取的距離方位，也許可以說是管理入門的第一步。

而且，如果能夠巧妙地運用個人空間，想隨心所欲地支配部屬是不無可能。

【一流說服力60】做報告時，如果部屬不接近你的位置時，可以預料部屬大概心裡有事。

●距離可以決定命令的權威性

根據心理學家米爾古拉姆的研究，當一個人進入他人的個人空間時，會強烈意識到該人的存在，變得無法動彈，這是人的一種心理弱點。

譬如，刑事警察逼廹嫌犯招供時，如果挨近對方，使對方的膝蓋幾乎靠近自己的雙腿之中，那麽偵察工作會進行得相當順利。這是因為把嫌犯強廹進入刑事警察的個人空間內，造成他們精神上的不安，而容易招供出來。

這種個人空間的「磁力」，如果對方對自己而言是具有權威的人，就表現得更強烈。

譬如，那一天被叫到董事長室，而對公司的最高級大人物——董事長時，會緊張得無法保持原來的自己，原因是在董事長擁有的個人空間裡，你渺小得有如一隻螞蟻，而心虛得無法動彈。

如果有意利用這種個人空間磁場的威力，是可以隨心所欲地支配部屬。譬如對部屬下達命令的時候，只要叫部屬到你的桌前，給予指示就可以了。

部屬一旦進入你的個人空間，會強烈地意識到您的存在，而絕對地遵從你的命令。

如果徹底地應用這種手法，可以避免部屬不聽從命令的事情發生。

但是，切忌使自己進入部屬的個人空間，馬戲團訓練猛獸時，是巧妙地與猛獸保持距離，才能自由自在地操縱牠們。

如果離開猛獸太遠，猛獸會無視訓獸師的存在，但是又漸漸地靠近猛獸，超過某個限度的距離時，猛獸可能會撲跳到訓獸師的身上。

猛獸會撲向對方之前的距離，在行動學上稱之為臨界距離。訓獸師必須以體驗來獲知這個距離，才可以隨心所欲地操縱猛獸。從這一點看來，你如果讓部屬過分親近，反而會造成部屬對你的存在產生壓迫感，說不定還引起無謂的反抗。

如果你想要操縱部屬於股掌之間，首先必須掌握對方重視你的臨界距離。在這個距離下達命令，很容易使部屬唯命是從。

【一流說服力61】有效地運用您個人空間的磁場效率，可以使您隨意操縱部屬。

・下達命令時的視線與動作

有一個實驗，調查老師在糾正兒童時，以什麼樣的視線最具效果。對一組兒童，用直視盯住的眼光來糾正他們，而對另一組兒童，則錯開視線，光用言詞來糾正他們。

然後再調查這二組兒童是否對所要求注意的事項確實遵守，結果發現前者幾乎是在壓倒性地最能順從老師的命令。當被人用視線盯住時，人都具有緊張的情緒與警覺性提高的傾向。

要提高警覺性，可以利用「接觸法」，也即是碰觸對方身體的方法。下面就介紹一個，比較視線與接觸所造成的警覺層次的實驗。

事先在公用電話的退幣口內放一枚硬幣，然後向接下來打電話的人要求「我忘了拿回硬幣，能不能還我？」這時候：

①不和對方目光接觸，只是遠遠地用言語來拜託。

②一邊注意對方來拜託。

③碰觸對方的身體來拜託。

用這三個方法來要求對方退回硬幣，結果是③、②、①的順序，呈現出差別來。

從這個實驗我們知道，用接觸對方身體的方法，比起視線更能提高對方的警覺性。當你要給部屬一個不可出錯的命令時，能夠運用這種心理技巧就更具效果了。

換句話說，不只是口頭上下達命令而已，雙眼注視部屬叮嚀，或者拍拍肩鼓勵一下，這樣部下會立刻感受到上司所期待的熱切。

【一流說服力62】用視線或接觸法可以提高對方的警覺性，所以對部屬下達命令時，要注視他並拍拍他的肩，可以使部屬因而重視命令而切實執行命令。

・抵制反抗，消除部屬聯合作戰的秘訣

公司組織是具備了上意下達的系統，不過話雖如此，部屬卻不見得全依上司的命令執行。「這種命令簡直蠻橫無理」「我怎能做這種不講理的事」，不少上司經常會被部屬用這類言詞來反抗。

諸如此類部屬的反抗，要如何預防呢？依心理學的實驗得知，當一個人要反抗時，其必要的條件是必須有同伴。

以二人為一組，分開許多組，然後對他們下達一個極不合理的命令。這時候，在幾組人員中，故意安排臥底讓他們故意叫嚷「我才不幹這種事！」然後再調查有幾組會違抗命令，結果發現有臥底的小組其違抗命令的機率相當高，換句話說，有同樣論調的人在一起，越容易造成反抗。

從以上的例子看來，如果給部屬一個不合理的命令時，不要給全體部屬下達命令，而是個別地下達命令較好。當您面對所有部屬傳達命令時，如果有一個人表示反抗，就很容易造成連線反抗的作用。

但是如果個別下達命令時，縱然有人覺得不服氣，可是又沒有同聲附和的人在，不得不也得依命令行事。

既然是在商場界，當了上司之後，對於一些不合理的事情，經常是心裡不願意又不得不下達命令給部屬。在這種時候，如果能熟悉這種「反抗心理」，一定可以順利地上意下達。

下班後，幾乎是全體員工一起去飲酒作樂，有時又常舉辦全體員工的康樂活動，這種情形可以使部屬同仁連結在一起，發揮同舟共濟的精神，但是，也因此而容易結成「反對黨」，對上司造成不利。

如果想要避免部屬的反動，有時候應該利用機會刺激部屬，特意稱讚某人，這樣會引起他們互相競爭的意願。上司與部屬的關係，並不是上司對全體部屬，而是上司對個別的部屬關係。

【一流說服力63】部屬彼此意氣相投，可能會發展對上司的連線作戰。所以，要個別地對部屬下達命令，造成他們彼此之間的敵對意識。

·使不負責的職員無從遁逃的辦法

任何一個公司裡面都有一些把工作做得恰如其分，卻不遵守上司命令，我行我素的職員。如果放任這種不負責的職員不管，可能因為這個職員而影響了工作的進度，使全部（課）的職員必須因此而趕工，甚至還造成業績低落。

到底，有沒有可以使這種職員認識自己所負責任的重要的方法呢？

在心理學的實驗上，有下面這個方法來測試責任感在什麼樣的情況下會漸漸消失。心理學家拉他納與達里二人，讓受驗者的男、女學生進入個別室內，對他們說明「接下來希望把你們在大學裡所遭遇的個人問題，和幾個人一起交談討論」，然後叫他們戴上耳機來座談。耳機內裝有麥克風，只有二分鐘有聲音。它的設計是當某一個人的麥克風有作用時，其他人的麥克風則不發生作用，因此，大家沒辦法交談。

討論的時候，首先讓臥底的受驗者以「都市生活與讀書」為題發表意見之後，再自白說自己在讀書的時候很容易引起癲瘋症。

接著再由幾位臥底的人陳述意見，然後輪到第一位發言的那位臥底受驗者時，突然說了一些莫名其妙的話，哀訴他的痛苦。換句話說，這位臥底人故意表現發作的情形。

做了以上的安排後，由二～六人不等的小團體自由討論，再調查實際的受驗者有多少人會把發作的情形告訴實驗者。結果發現，扮演臥底人與其他二名受驗者的討論小組，在三分鐘內全體都做了報告，相對的，人數越多的小組，報告的人數就越少。

這是因為大家都在觀望，心想大概會有人出來報告吧，自己只要隔山觀火就沒事了。從這個結果，我們可以斷言的是，如果有人和自己的立場相同時，責任感就會減弱、分散。換句話說，反正自己不做，別人也會做的心理下，一點都不在乎而逍遙法外了。

站在同一立場的同伴越多，越容易造成責任的分散。想讓部屬產生強烈的責任感，身為上司的人必須謹記這一點。

下達命令的時候，不要對全體職員公佈，而一個一個地叫到前面來，這樣才可以防止他們逃避責任。

而在另一個實驗裡發現，當周遭有自己認識的人同處時，比較不容易造成責任逃脫。因為，在這種情況下，每個人都希望在朋友面前表現優異，所以行動會積極起來而負有責任感。

要使部屬不馬虎做事，引起他「外觀意識」是有效的方法之一。譬如，把部屬每個人的營業成績做成曲線圖，張貼在辦公室，他們一定拼命工作不落人後。

對於我行我素，做事簡慢的職員發脾氣，也不能期待有什麽太大改變。倒不如以心理學的方法為依據，分配給他無法逃脫責任的工作，這樣一來，他的責任感就會慢慢地萌芽起來了。

如果當事人深自痛覺，由於自己的個人主義而影響到同事的作業活動時，以後他的工作態度也會改變的。

【一流說服力64】對於不負責，做事簡慢的職員，要堵塞他逃脫責任的漏洞。

•位置的編排可以防止老職員的不良影響

老職員是促使公司機能圓滑運轉，不可或缺的重要人物。因為他們精通工作的處理，人生經驗也豐富。

但是，不論那一家公司也都有那麼幾個老職員，喜歡挑年輕職員的小毛病，譬如說打招呼的方式不對啦，服裝不得體啦，電話應對不恰當等等。

大多數的這種職員，都是在工作上欠缺能力，而把精神花費在其他的小事上，用以逃避責任。如果因為這些老職員而使前程看好的年輕職員裹足不前，對於身為上司的人是一種損失。

那麼，要怎麼從老職員的攻擊下保護年輕職員呢？儘量把老職員的位置編排在辦公室的角落就可以了。

為什麼呢？因為這正符合了心理學的應用手法。一般工作上的情報交流，表面上說是上意下達，而事實上，私人的交際關係也多半是從此而來。

所以，如果把這類老職員趕離上司的視線所及之位置，那麼，私人的交際也經常是鞭長莫及，一切的情報也不容易接受到了。

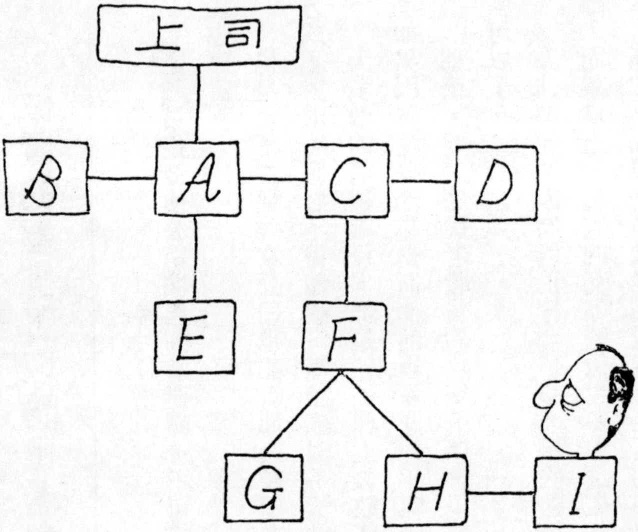

在說服心理學上，調查團體間的人際關係時，經常會利用圖表來表示人際間的親近關係。以專門術語來說是「人類關係社會學試驗」。如果依附圖所表示的位置關係來看，A是該內部的靈魂人物，而I則是像離群索居的「拒絕往來戶」。

假使，A的位置由老職員來坐，年輕職員大概會吃不消，說不定任意解釋上司的命令，對部屬傳達不實情報，對待那些心懷不軌的老職員，把他們安排在I的位置是最恰當不過的。

當然，並不是光改變位置的編排就可以使內部的人際關係改善，但是卻不失為深具效果的方法之一。

這種老職員其實也可說是被時代所淘汰的職員。大部分是無法趕得上工作的進化，心裡面有各種的自卑感，因此，如果談到禮儀規章，或者交際手腕等等他們的老經驗時，幾乎是等不及似地要插嘴幾句不可。

如果考慮到他們的心理狀態，隨意去糾正他們反而會得到反效果。年輕職員對他們而言，簡直就像小毛頭一樣，他們心裡面還是不服輸的，不小心刺了他們是不會有好結果的。

還是眼前保住這些老職員的面子，不輕易地把他們調到偏僻的位置就可以了。

【一流說服力65】把無用的職員編排在辦公室的角落，才可以使年輕職員安心辦事。

•不動聲色炒職員魷魚的秘訣

做為管理階層的人，總是會面臨到必須對於能力不足，又久久不能發揮的部屬，給予調職或解雇的抉擇。

在這種情形下，管理人員也是過來人，所以心情是相當沈重的，但是為了公司又別無選擇。那麼，要怎麼樣來解雇職員呢？下面這個心理學實驗也許可以給你一點參考。

任何人當看見某人遭逢不幸時，都會有想要持守公正的傾向。譬如，被稱為鴛鴦夫婦的明星離婚了。

這時候大部分的人都會疑問：為什麼感情這麼好，卻要離婚？於是注意聽電視的報導，又買雜誌看，試圖找出廹使他們夫婦離婚的理由。

藉由發現這些「理由」，自己下一個這對夫婦理所當然要離婚的結論，然後給自己持守的「公正世界」一個更強的信念。

心理學家拉那用實驗來證明對於這種公正世界的想法。他讓男女大學生看一卷描述「上課中答錯問題，遭到電擊處罰，連聲哀叫的人」。

然後要求他們說：「這個人正承受無比強大的壓力，請仔細觀察這個人所呈現的特徵是什麼。」

接下來發現學生考題，其中針對受電擊者的個人性格特徵做了幾個評價問題。這份考題分成三種。

①試紙上附帶一個條件說，犧牲者不過是為實驗在做表演罷了，事實上根本沒有受到電擊。

②試紙上沒有任何條件，受驗者一直認為犧牲者是為了實驗，而遭到不當的電擊處罰。

③試紙上附帶條件說，實驗者在實驗完後，可以拿到三十美元的酬勞。

那麼，根據這三種問題，犧牲者的個人性格評價會產生什麼樣的差異呢？

受驗者所做的評價是，①與③是有個性的人，而②被受驗評價為「無聊的人」。

從以上的結果我們知道，當人看到別人遭受無謂的不幸時，自己信守的公正世界就面臨威脅，於是會傾向於認為犧牲者是無聊的人。

認為他們是無聊的人，才會遭到那種不幸，這樣想，才能使自己的公正世界站得住腳。

反過來運用這個實驗，被革職的人（遭逢不幸）在其他職員的眼中變成是無能又無聊的人了。

所以，上司如果經常強調部屬的無能，那麼其他的部屬會認為遭到革職也是理所當然，無可厚非了。

換句話說，讓其他的人體會到「那傢伙辦事不牢，公司炒他魷魚也是沒有辦法」，這樣一來，身為上司的你也可以守住自己的形象。這種作法是否陰狠，全靠你自己的判斷了。

【一流說服力66】開除部屬的時候，要製造一個讓其他部屬認為是理所當然的理由，如此一來，你的形象才可以不受損壞。

・消除部屬被斥責後的心理陰影

人被斥責的時候，情緒會變得緊張，而且說不定在心裡會受到創傷。因此，斥責的一方必須在事後給予某些心理上的安撫。

話雖如此，做起來可不簡單。我個人認為，如果對部屬痛加怒斥之後，拍拍對方的肩膀，以「接觸法」來安撫他，可能效果也不錯。

前面提過「接觸」可以提高人的警覺性，而這種接觸法，事實上依個人的表現方式，也可以令對方感覺到一股溫暖。母親在斥責小孩之後，經常都會抱起來安撫一下，這是母親對孩子表達一種愛意，而試圖抹去孩子心理上的創傷的一種表現法。

其實在公司等工作場所裡，這種斥責之後的接觸法是有助於圓滑人際的關係。拍一拍部屬的肩膀，反而會使部屬對你斥責的用意，以好的一面來接受。

動物彼此在格鬥的時候，雖然是打得難分難解，但是都在不予對方致命的程度下結束交戰。人類在以前短兵相接的作戰時代，因為彼此有肢體上的接觸，所以不太容易就置對方於死地。

但是，現代人的戰爭，由於藉助飛彈武器為多，幾乎不用動手就可以殺人於無形。因此有人也指摘說人類之所以能若無其事地彼此痛殺，全怪武器的進步神速。從這一點看來，接觸，也許可以說是人類內心潛在的殘酷惡魔的「防波堤」吧。

假使你斥責了部屬，如果你用接觸法來安撫對方，就不致於給部屬太大的打擊了。

【一流說服力67】斥責部屬之後，要立刻給予接觸上的慰藉，才不致於造成部屬的心靈創傷。

・要能洞悉優秀職員心裡所潛藏的弱點

這是一九六一年的事了。古巴革命時亡命到美國的人所組成的反革命軍，曾企圖由畢格斯灣登陸，對抗由卡斯楚領導的古巴革命政權。

這項軍事行動終告失敗，部隊全軍滅亡，不過，在當時「畢格斯灣事件」可震憾了全世界。事實上策動這個無謀的侵略作戰的是，甘迺迪總統及手下的智囊團。

耶魯大學的社會心理學家賈尼斯，指這種意圖解決某特定集團問題的情報與意見的交流為集團思考，他還做了仔細的分析研究。

據他觀察，組織成員個個頭腦聰明，又具有強烈的團隊意識時，往往會對狀況採取樂觀的態度，而且對前景抱著希望。

同時在這種情況下，縱然有人對團體的決定抱著疑問，但是也不會與團體唱反調。

換句話說，由一群精英所組成的團體，往往團體內所檢討出來的結果較偏向於理想化，而且，由於大家都怕個人的行動有損團體的紀律，所以，對於問題的真正核心，大家反而不敢觸及，而有逃避責任的現象。

群英聚集的檢討會，經常是潛藏著許多危險的陷阱。在一流的企業界，經常是群英聚集，但是從以上的觀點看來，毫無條件地接受他們的討論結果，可以說是危險行為吧！

身為一個領導人物，在優秀分子聚集討論的會議裡，應該以敏銳的觀察力，用現實的觀點來監視他們討論的過程，以防結論過於偏激，脫離實際。

【一流說服力68】優秀幹部的討論會議，容易掉入集團思考所穩藏的陷阱，而歸結荒唐的結論來。領導者必須做監察的工作。

‧利用辦公室的空間來提高會議效能

我想讀者裡頭，大概有不少人抱怨公司的會議進行死氣沈沈，了無生氣。那麼，接下來就為大家介紹幾個使會議生動活潑的方法。

首先要介紹的是，一個在會議中運用模擬評審的實驗。先預備三個陪審團，一個是全由男性團員組成，另一個則全是女性，第三個團員則由男女混合組成。在寬廣的房間與狹窄的房間的比較下，讓他們參加審議。

結果，由女性組成的陪審團，在寬廣的房間內做嚴格評判的比率較高。

相反地，男性陪審團則在狹小的房間內，比較能夠做嚴格的評判。而男女混合的陪審團，審議的結論並不受房間大小所影響。

另外，觀察一下審議時的狀況發現，只有女性的時候，小房間內的會議進行較融洽，而只有男性時，則大的房間氣氛較諧調。

換句話說，房間的大小會改變會議的氣氛，而緊張的氣氛又會左右參與會議者的心理狀態，最後結果則是影響到會議的結論。

如果根據這個實驗的結果，男性人員所召開的會議，如果是在狹小的房間舉行，彼此會變得具有攻擊性，而且競爭激烈。所以，如果是要檢討今後的運作方針，儘量在狹小的房間進行，比較能夠談得融洽，而且可以得到預期的效果。

但是，如果是女性人員也參加的會議，而會議的內容又只是傳達上司的一些命令時，最好是在寬廣的會議廳舉行較好。

也許讀者中，有人對於我所主張的，以房間大小來改變會議氣氛的強調不表贊同，甚至生氣說，難道會議是供大家聊天的嗎？

但是，從心理學的實驗看來，不容置疑的是，會議室的大小會影響整個會議進行的氣氛。

【一流說服力69】全是男性人員的會議，在狹小的會議室進行，比較能生動活潑，而且有建設性的結論出來。相反地，若全是女性人的會議，在寬廣的房間比較能夠增加緊張氣氛。

‧會議室的桌型會左右討論的氣氛

方桌或圓桌，對整個會議的進行有微妙的影響。假使你想要和部屬彼此融洽地交談，用圓桌最好，而如果想要徹底地大發議論，用方桌比較恰當。

另外，曾經有一個實驗，調查學生和教授面談的時候，方桌或圓桌會帶給學生對教授的觀感有何影響。

這個時候，幾乎是利用圓桌的人都覺得教授公正無私，愛幫助別人，容易親近。而方桌上的感覺則多半是認為教授具有權威感。

從這個實驗我們也可以知道，當上司、部屬要打破職位的芥蒂，自由地隨意發言的時候，用圓桌應該最恰當。

我由於工作的關係，經常有機會參加學生的婚禮，當喜宴上用的是長方形桌時，客人的表情多半是僵硬、不自然，但是相對地，若是圓桌擺設的喜宴，則顯得是一團和氣。

在方桌上要站起來敬酒也不方便，若是圓桌則大家一團融洽，彼此敬酒往來，熱鬧非常。

這些都是桌型影響人的情緒的例子。當然在尾牙、喝春酒等公司員工同樂的時候，用圓桌是

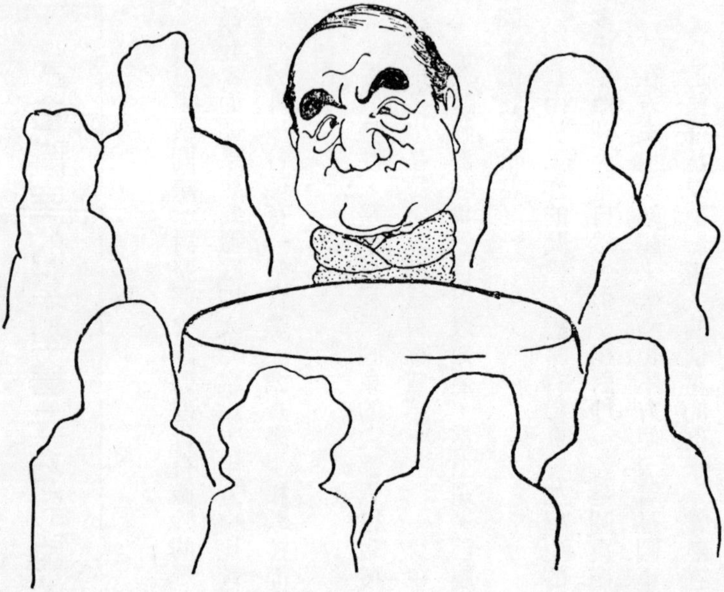

最好不過的了。

【一流說服力70】想在會議上讓大家開懷暢談的話，就利用圓桌會議，而想要大家能激烈議論時則用方桌。

・如何運用領導權

心理學上將領導權的應用方法分為民主型、專制型、放任型等三大類。

所謂民主型，是在進行工作之前，先讓部屬討論如何去推展工作，然後再正式著手的方法。而專制型則是不在乎部屬的想法，只是一味地發號施令來進行工作。

另外一種放任型，只是嘴上提醒部屬「快點做！」「還沒完成？」至於工作的進展則一點指示也沒有。

那麼這三種領導方式，那一種最具效果呢？民主型在討論過程中耗費時間是其缺點，但是藉著討論可以提高部屬對工作的參與感，以及提高作業的品質。

另一方面，專制型具有將工作一氣呵成的優點，但是，搞得不好時，恐怕會引起部屬的反抗。

放任型可以減低部下受上司支配的厭惡感，但是，當工作進行方針錯誤時就永難回復了。三者各有千秋，大概有不少管理階層的人正迷惑著不知道要用那一種方式來帶領部屬。

美國一位叫利比特的心理學家在他所做的實驗中發現，工作業績表現最好的情況是，當領導人物多才多藝又以專制型領導，或者領導能力差的主管卻以民主型來領道部屬。而放任型的人不管在任何狀況下，業績都是最差的。

換句話說，如果身為上司的你，是個有才幹的人就用專制型，如果沒有自信，以部內和諧為重，採用民主型也可以。

不過，專制型的作法在一、二年內還可以發揮效用，長久高壓的政策下，部屬一定會起反感。也許上司本身在公司內的評價會越來越高，但是一味地專斷自為，不把部屬放在眼裡，也會造成部屬無能伸展的弊害。

這一點在民主型的作為下，由於一開始部屬就不依上司的命令行動，所以倒不必擔心部屬會起反感。反而部屬會拼命地想為上司做出一點成績來。讓部屬提供新穎的構思，活用在工作上是民主型的作為才可以辦得到的。

從以上各點來考慮，除非是能力相當優秀的人，否則採取民主型的領導方針是最恰當不過的。您認為如何呢?當然，如果你自信能力過人，是可以以「帝王」的姿態君臨天下的。

【一流說服力71】想要利用部屬的智慧，提高工作品質，就用民主型的領導方式。而想要提高上司本身的評價，使工作進展快速，則採用專制型，但是必須預防部屬的反抗。

‧運用「人際關係圖」可以找出部內的營運方針

工作上的情報交流，大多數是憑藉私人的人際往來，如果運用所謂人類關係社會學測試的作法，以圖解來表示人際關係，對部內的人際關係就可以一目了然。

從這些圖解的人際關係看來，你所轄管的部（課）是屬於那一種類型呢？假設是如同附表的圓角型？雖然看起來是一個人與兩個人做情報交流，而事實上部內整體的情報交流並不順暢。

如果是全管道型，職員可以互相交流情報，是一個非常民主的集團，而如果是Y字型或車輪型，就屬於中央集權制，站在中央位置的人物掌握著超強的領導地位。

那麼，將以上這幾種情報的交流方式依作業的效率這一點來實驗，像車輪型與Y字型這種具有強力領導的人，是最具工作效率的。

不過，調查一下參與實驗的人對工作的成就感時發現，情況幾乎是相反地，圓角型與全管道型參與人員，對完成工作後的成就感較大。

也就是說車輪型與Y字型的集團工作效率雖然高，但成員的不滿情況較大，而圓角型與全管道型雖然工作效率較差，但是因為沒有一個強而有力的領導者，反而使人際關係變得圓滑，對工

人類關係社會學的四種類型

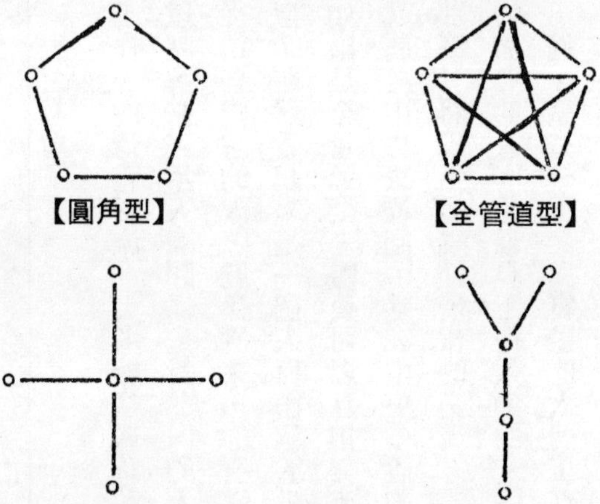

【圓角型】　【全管道型】

【車輪型】　【Ｙ字型】

作的成就感也加大。

一般而言，當團體內發生一個不容易解決的問題時，圓角型與全管道型的團體比起車輪型與Y字型的團體，較具有解決問題的能力。

不過，如果Y字型與車輪型的團體中有一位極其優秀的領導人物時，也能夠發揮解決問題的效率。

綜合這些心理學的觀點，如果你所轄管的部內情形，正如圓角型或全管道型的關係時，那麼應用民主性的領導方針，應該可以發揮效用。部屬彼此交流熱絡，使部內一團和氣，一定可以同心協力把工作做好。

而如果是車輪型或Y字型的關係時，你可以留意那位位居中央的靈魂人物。委任他領導權，那麼你就可以間接支配全體部屬了。

像這樣利用人類關係社會學的分析法，就可

以找出你的人事管理指標。前項我提到了民主型、專制型與放任型等三種領導方法，後來也談到放任型的缺失多，所以，您是否以民主型或專制型的其中一種方式來領導你的屬下呢？

如果你的部屬是圓角型或全管道型的人際關係，而你卻用專制手法來領導，你們的關係一定會搞得一團糟。相反地，Y字型或車輪型的部屬是不適合利用民主的領導方式。

考慮以上各點，到底你該用民主型？或專制型？全由你部屬的交流情況來決定了。

【一流說服力72】部屬的人際關係若是圓角型或全管道型，就運用民主的領導方式，若是車輪型或Y字型的關係時，把重任委託給該靈魂人物就可以。

‧制服部屬的桌子編排法

人與人之間的空間距離，在心理學上稱為「相對距離」。這個距離的長短與彼此之間的心理（親密——疏遠）距離幾乎一致。

文化人類學家荷爾從觀察與面談當中，證明了人可以藉用下面八種距離關係來圓滑人際關係。

密切距離

①接近姿態（〇～一五公分） 愛撫、格鬥、安慰、保護等情況的距離，是情侶常有的相對距離。身體的接觸與眼波的交流，對彼此的情感有極大的助益。

②遠方姿態（一五～四五公分） 用手可以直接碰觸到對方的距離。親近的朋友經常保持的距離。在顛峯的上下班時間，和別人也多半保持著這個距離。如果有人要進入這個距離時，會令人覺得不快。

個體距離

①接近姿態（四五～七五公分） 一方伸直手臂可以觸及對方的距離。可以清楚地看到對方

表情，如果女性接近男性到這個距離。容易引起別人的誤解。

②遠方姿態（七五～一二〇公分）　雙方伸出手臂可以互相碰觸到對方的距離。這個距離只用於呈現個人十足的特徵。

社交距離

①接近姿態（一•二～二•一公尺）　身體不可能碰觸。工作時和別人保持的距離。從這個距離盯視住對方，可以給別人一個權威感。

②遠方姿態（二•一～三•六公尺）　形式上談論公事的距離，可以不必在乎別人，專心做自己的事。

公衆距離

①接近姿態（三•六～七•五公尺）　可以和對方保持談話的最大限度。

②遠方姿態（七•五公尺以上）　個人之間

的往來已經不可能。

人在無意識之間根據對方、場合而使用這些不同的距離關係。如果你有心利用這些方位的變化，是可以傳達無言的訊息給對方。

譬如，一對剛認識不久的男女在約會的時候，男的雖然想要挨近對方，但是女性則往往閃開一邊。這是表示女方在無意識之間以距離告訴對方「我們還是保持距離」。

如果你想要部屬認識你的威嚴，要懂得運用距離的無言訊息，和部屬保持某種程度的距離。

譬如，當你升上了部長之後，在辦公桌的編排上可以如附圖所示，將自己的位置和部屬保持一個公衆距離，那麼，部屬對你自然就心生畏懼，覺得你是有威嚴的人。

據說當英國查理斯王子夫婦到日本訪問的時候，在英大使館召開的宴會上，出席者都不趕接近他們。

換句話說，因為對方是高貴的人物，所以大家都保持著公衆距離。所以，如果你會利用這些距離所傳達的無言訊息，相信也可以在部屬面前表現出威嚴來。

【一流說服力73】要提高上司的威嚴，就和部屬保持三・六m以上的距離。

‧不讓部屬識破你的心情的理想位置

大家都知道臉上的表情就代表心情的變化。不過，如果你坐在靠窗背光的位置時，臉上會帶著陰影，使別人看不清楚表情而無法猜測出你的心情。

當你是一位擁有眾多屬下的上司時，在工作上發生了挫折，心裡覺得煩躁不安，舉棋不定的慌張神態即會讓部屬識破。

如果你有事沒事就把心事掛在臉上，你所轄的部屬也會陷入不安。甚至因此而影響了工作進度。

同時，當部屬向你做工作報告時，你焦躁的心情若是讓對方察覺了，那麼可能因此而動搖部屬對你的信賴感。

既然當上了統轄部屬的上司，就要表現出冷靜與威重，時時保持住「樸克牌面孔」，萬一實在是藏不住一點心事的人，就把自己的坐位安排在靠窗靠光的位置吧！

這麼一來，縱然你的部屬想對你察言觀色，就像是照像上的逆光效果一樣，部屬是不可能從你的臉上看出一點端倪的。

當然這種做法也可以應用在與公司以外的人做交涉的場合上，一般會客室裡的上座都是背窗而設，如果故意把它設計為下座，也可以藉此不讓對方看穿你的心事。

【一流說服力74】坐在背窗的位置，使人看不清臉上的表情，可以在部屬面前保住威嚴。

●測試心腹部屬居心的方法

假設目前你是位實力派掌權的上司，到底支持你的部屬是不是「見風轉舵」的人，自己應該有驗明正身的判斷力才行。

在心理學上把自己的行為舉止表現得合乎團體同伴的模式的作為稱之為「同調」活動。心理學家亞瑟利用附表所示的圖形，調查這個同調活動在什麼樣的人身上最容易發生。

首先，讓一組七個人看左邊的一條直線（Ａ）。然後再問這七個人，右邊的三條直線中，那一條的長度和左邊的直線等長。

這七個人當中事實上有六名是事先安排好的人，真正的受驗者只有一位。

試驗者讓這些臥底的人在幾次的測驗中，故意全體一致做錯誤的判斷。

有許多的實際受驗者當自己認為正確的答案和那些臥底者的答案不同時，會改變主意附和他們。

當然也有人一再地堅持自己的意見，不過這些人都是對自己的能力與價值觀相當有自信。

相反地，大多數附和臥底者的人，都是缺乏自信，自尊心較弱，容易屈服團體壓力的人。

「同調」實驗之刺激圖

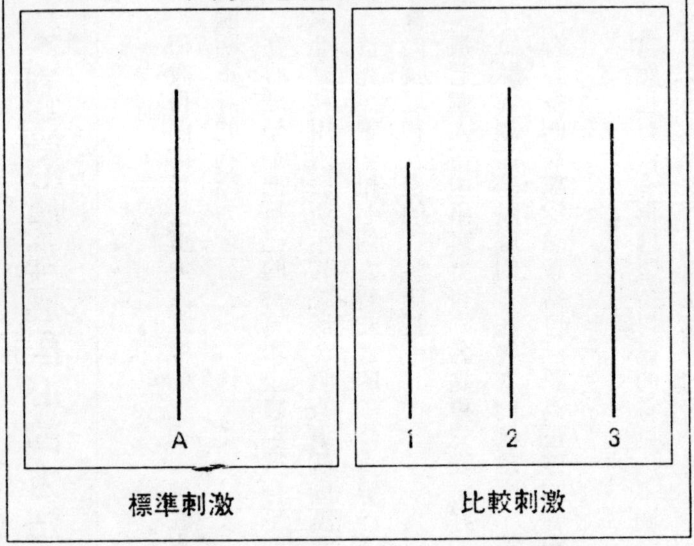

所以，在一個團體內，比較沒有自信，又深怕受人排斥的人，往往較容易表現出同調行為。

假設在會議席上你提出一個企劃案，當然你相信那些平日都支持擁護你的部屬一定會贊成這個提案。

但是，有人反對你的企劃案，而且出席者之中大多數表示反對時，你的心腹原本態度不明，卻在這種局面下毫不遲疑地也表示反對時，這個部屬的行為就是「同調」活動。

不過，這些容易採取「同調」行為的部屬，都是缺乏自信，自尊心又不高的人，總有一天你也會對他們產生不滿。

總之，你所關照的部屬當中，若是這種典型的人，你還是小心為妙。因為，目前也許是你還有實力，控制得住局面，但是，那一天你不得志時，這些人很快地就會離你而去了。

【一流說服力75】你的心腹中若有同調行為傾向的人時，要覺悟那一天可能被他們出賣。

•利用「意見箱」收集意外的情報

當人處在陌生的環境中時，天生的劣根性會使他做出不知廉恥的事來而毫不在意。這是因為不用擔心別人的批評，對自己的約束也放鬆的關係，這種現象在心理學稱之為「沒有個性化現象」。

會產生沒有個性化現象必須使原本的自己消失，而以另一個自己出現，也就是必須有一位匿名的自己存在才行。有一個實驗曾經對這種匿名化與可以毫不在意地採取攻擊行動之間的關係做了調查。

心理學家吉巴爾德以「調查和別人有多少程度的共鳴」為理由，要求四名為一組的女學生參加實驗。

首先，讓半數的女學生穿上只有眼睛與嘴巴有小孔的袋衣。這時候從外觀分不清誰是誰，可以說已經製造了「沒個性化」的狀況。

其餘的女學生則在胸前掛一個大名牌。這些人因為彼此都知道對方的名字，所以她們是處在「個性化」狀態。

接著讓受驗者聽二種實驗者與年輕女子面談時的錄音帶。

一卷是為了替在醫學院讀書的哥哥賺取學費，而去打工的一位勇氣可嘉，令人印象良好的女子的談話。另一卷的談話主角則是，為了約會的開銷，兼差做模特兒工作的女子，令人覺得任性不可愛。

然後聽完錄音帶之後，讓她們從透視窗看和實驗者談話的女子，並告訴她們說，對方就是方才錄音帶中的女主角。

接著再拜託她們說：「她是為了做電擊實驗而來的，等一下妳們一邊擔任施壓電擊的人，邊觀察她當時的心情。」

當實驗開始的時候，那名女性全身捲曲，臉孔扭曲，顯得非常痛苦。女學生們覺得她很可憐時，會立刻把電流切斷。

於是，實驗者調查了女學生按壓電鈕的時間時發現，穿著袋衣處於沒個性狀況下的那一群女學生，明顯地比掛名牌的女學生，所按電鈕的時間較長。

從這個實驗我們知道，當一個人處在沒有人認識自己的狀況下時，連殘忍無道的事情也做得出來。而且如果對方是自己所討厭的人，這種傾向更明顯。

因此，一旦匿名化了，人就容易採取攻擊行動。有不少的公司企業裡，都有一個「意見箱」讓職員們以匿名的方式發表意見。

由於意見箱採不具名方式，所以表面上無法開得了口的意見，在這裡就可以痛快地口誅筆伐。身為上司的你，只要裝一個意見箱，就可以從中收集到不少情報。

【一流說服力76】當人處在沒個性化狀態下時，一些不知羞恥、殘酷的事都做得出來。如果在公司內放一個匿名意見箱，相信可以收集到一些意外的情報。

•由此判斷管理能力的有無

管理階層的人不時要留心地指導、統轄部屬，而且責任重大，經常是哀嘆壓力過重。結果因而有不少人得了胃潰瘍，使工作不得順利進行。

工作壓力與胃潰瘍的關係，在心理學上曾利用猴子做過不少的實驗。那麼，到底在什麼樣的情況下最容易引起胃潰瘍呢？

美國華盛頓的陸軍醫學中心，曾將二隻猴子放進箱子內，給牠們六小時的工作及六小時的休息的交互試驗。

到了工作時間，猴子眼前的燈會每隔二十秒閃滅一次。燈一點亮時，一隻猴子的腳底會有電流通過，不過，如果按壓附近的把手，電流就會自動停止。

其中一隻猴子可以碰得到那個把手，另一隻猴子則碰不到。

可以碰觸到把手的猴子是所謂的管理職，而另外一隻碰觸不到把手，同時當管理職猴子弄錯把手會遭到電擊的猴子就是平常的小職員。

依這個裝置實驗做下來，管理職猴子不到一個月就翹辮子了。解剖一看，在牠的十二指腸上有潰瘍的穿孔，而小職員的猴子，在牠的內臟內並無異樣。

在這個實驗，必須每隔二十秒按一次把手，這個困難的作業使管理職猴子產生壓廹感，而造成十二指腸潰瘍。

利用老鼠和方才做類似的實驗，管理職老鼠如果按把手，連同那隻小職員老鼠就可以避免電擊，但是，如果操作失敗，兩隻老鼠都會受到電擊。換句話說，同樣地小職員老鼠的命運是操縱在管理職老鼠的手上。

但是，這個老鼠的實驗又分為，按一次把手可避免電擊，以及必須按二次才可以避免等等，有幾個條件附加在實驗上。不過，一次就ＯＫ的情況下，管理職老鼠所患的潰瘍比小職員老鼠要小。

相反地要按二次把手的時候，管理職老鼠的潰瘍就相當嚴重，而必須按壓五次以上才可以的情況下，無需比較地，管理職老鼠的潰瘍是壓倒性地嚴重。

換句話說，作業越困難，管理職老鼠的潰瘍就越嚴重。

從這些實驗我們明白，管理職任務越困難時，其所承受的壓力就越大。相反地，如果是工作可以輕鬆解決，是不會感受到壓力的。這麽一來，如果有一位並不具實力卻應用關係爬到管理職的人，由於對工作沒辦法勝任，就很容易積存壓力，而可能不久就引起胃潰瘍等症狀。

相反地，一個具有實力又十分勝任其職位的人，工作會帶給他充實感，倒不會感到壓力。所以，如果抱怨壓力過重的管理職，就等於是在訴說自己的無能。

你的周遭裡面若有一位不停訴苦工作壓力的管理職同事，就該懷疑他的工作能力了。

但是，一般人往往會誤會，以為有工作壓力的人就代表他對工作有強烈的責任感。這實在是相當可笑的錯誤判斷。如果有人訴苦他的壓力時，要認定這個管理職的本身工作能力已經亮起紅燈了。

【一流說服力77】對自己的工作能力感到極限的上司才會頻頻地抱怨工作壓力大。

・期待部屬回報的上司難以成器

過年節的時候，大家都習慣送禮往來。這份禮一般是表示對對方的敬意，但是，有不少的人卻存有別人回報的不艮居心。

在美國、瑞典以及日本等國家，曾經做過實驗調查，在送禮的時候，被贈予的一方對送禮的人有何評價。

首先讓受驗玩樸克牌遊戲，當有人連連敗陣，賭本無存時，就拿十張賭牌附上一張信給他。信的內容分為三種，①「送給你的賭牌，以後請連本利還給我」②「以後請還我與賭牌同額的錢」③「免費地送你賭牌，不必還我」。

這時候調查了受贈者對贈予者的印象，結果②的評價最高，①和③的評價較低。

也就是說，對要求回報同額贈品的送禮人的印象較好，而對於說可以不用還，以及必須連本帶利償還的人，印象比較不好。

從這個實驗我們可以很清楚地知道，無緣無故送禮給人家或者做過分的要求時，都是不好的送禮態度。

當了管理職的人，送禮的機會也變多了。這個時候如果能夠恰如其分地送禮，給人的印象會更好。

經常有些上司在推薦自己的部屬到某部（課）上任時，都會得意地說「是我提拔他的哦！」。

這種話聽在部屬的耳朵裡，好像是告戒他「以後要好好地聽我的話」，有不正當的企圖在，因此，自己要避諱才好。說這種話，不但不能博得部屬的好感，而且只會使你的聲望節節下落。

【一流說服力78】提拔部屬不要寄望他們的回報。

・美女職員的優點在那裡？

美與醜事實上和個人的工作能力是沒有關係的，不過，雖然目前的一流企業並沒有根據選美的標準採用女職員，但是，卻發現在一流的企業裡面似乎是美女如雲。

在心理學的實驗上，已經證明了人對於外表具有魅力的人，容易肯定他的能力。

心理學家辛格與拉姆二人，利用下面的實驗，證實了美的外表具有提高個人評價的效果。首先讓大學教授看一群一年級女生的照片，讓他圈選美女順位，然後再比照這些學生的成績。

結果被認為是漂亮的學生，成績都較高。換句話說，教授給漂亮的女生的成績都比較放鬆。

所以，男性往往對於稍具魅力的女性給予比實際能力還高的評價。俗語說：「一白遮三醜」，何止是遮三醜而已，這些麗質天生者其實是佔盡了便宜。

美女的好處不只是這樣而已，當要說服別人的時候，美女比平凡的女子較具說服力。

曾經有個實驗報告說，某大學曾經由學生發出請願書，希望改善學校的餐飲內容，而在一連串的美女簽名請願下，號召了不少參與行動的人。另外，也有證明報告說，在討論會上，美女的發言較能使男性屈服。

從這些實驗看來，我們可以說，具有魅力的人容易得到信服，也容易說服別人。

從以上的個個觀點來考慮，在採用女職員的時候，還是依心理學的利點來採用美女比較妥當吧！

【一流說服力79】外表美麗者給人的評價較高。所以，如果由美麗的秘書隨同出席困難的交涉場面，可以幫助你說服對方。

‧「制服、社章」可使新職員警覺自己的職屬

管理職當中，大概有不少人對於職員的不善應對，禮貌不周而大傷腦筋。這些以「大約」的態度來面對顧客的職員，對公司的形象有太大的負面影響，如何才能使他們意識到自己是公司的一員，而戰戰兢兢地做事呢？

如果社員對自己的公司有一份歸屬感，那麼對公司以外的人或長輩、上司，就能謙恭有禮。正因為他們對公司的歸屬意識薄弱，才會用近似朋友般不在意的態度來應對進退。

也許有的管理職對這樣的職員要大聲怒罵，不過，我認為還是讓當事者徹底了解，自己是公司的一份子才有效果，而我建議給大家的一個方法是，利用制服與社章。

戴上社章時，即使當事人不以為意，社外的人也會問「你是○○公司的人？」這時候當事人不得不意識到自己是公司的成員了。

另外，穿上制服以後，在外面的表現也比較循規蹈矩。

銀行、信託的櫃台女職員個個紀律嚴謹，主要是因為她們接受專職訓練之後，又穿上整齊畫一的制服，使自己意識到不可以在言行上有損公司的榮譽。

老職員經常會把「我們公司……」掛在嘴上講，對於新進職員則要利用制服或社章來提昇他們的「公司意識」。

制服、社章還真具有其他效用。心理學上稱自己在一個團體內必須採取的行動為「任務行動」。當戴上公司的社章，穿上制服時，就容易實行這個「任務行動」。

譬如一到麥當勞，年輕的女職員就會笑臉迎人地說：「歡迎光臨」。搭上飛機時，空中小姐會很自然地替你服務。

這些都是為她們穿上制服，使她們能夠輕易地表達「任務行動」（當然也是受過專職訓練）。

也許她們脫掉制服表現的又是另一副面貌。但是，只要是穿上制服，她們會依規矩來面對顧客。

所以，制服與社章具有提高歸屬意識，以及扮演任務行動的效果。

【一流說服力80】制服、社章使職員容易扮演自己的角色，而且可以使新進職員產生歸屬感。

・發薪的方式可以改變職員的工作態度

公司裡頭總是有優秀的職員與不長進的職員。工作熱心、做事效率高的人歷歷可見，但是，在上司視線所不及的地方，就有那些疏忽不得的部屬，所謂一支草一點露，形形色色的人都有，怎麼樣管理職員，全靠企業家的個人能耐了。

在此，我們就從報酬這方面想對策。假設有三人合夥的小偷偷了五十萬元現金。到底他們要如何分贓這五十萬元呢？大概是採取下面兩個方法的其中之一吧。

第一個方法是，根據個人的工作情況來分贓。譬如老大是三十萬，打開金庫的是十五萬，盯哨的是五萬，依盜取現金時各人所扮演的角色輕重來分贓，這個方法是根據個人對工作的盡力程度公平地分配，心理學家稱為公平分配。

另一個方法是，和個人的工作情形無關，每個人拿三分之一的贓款這個方式是平等分配。

但是，不管是那一種分配法，小偷們一定會感情破裂。譬如用平等分配法，打開金庫的人就會抱怨「那傢伙只是盯哨而已，為什麼和我一樣多」，相反地若是用公平分配法，那盯哨的人又要計較說「我最不值得了，冒著生命危險把風，才拿這一點錢」，總之，一定會有人抱不平。

所以公平分配與平等分配都各有優缺點，沒有一個方法可以讓全體滿意。大多的公司，薪水的給付都是依年資先後發給，同期入社的薪水都一樣。這個方法和所謂的平等分配類似。

這時候，表現優秀又熱心的職員就不服氣，「為什麼，那傢伙成天無所事事，拿的錢卻和我一樣多，如果大家都一樣，我幹嘛這麼拼命……」於是，工作的情緒一下子消失殆盡。

而目前以職務薪給制來配合個人的工作能力發薪的公司也越來越多。因公平分配而在薪水上有所差別，但是在基層上默默耕耘的人就會發牢騷：「簡直過分！那些人以為他們多了不起……」恐怕因此而失去了工作的意願。

總而言之，職員的薪水給付標準實在非常困難，不過，如果想要引起職員的競爭心理，就用公平分配法，而想要利用團體力量創造公司的活動力，就用平等分配法，可能較具效果。到底要選擇那一種方式，要看公司的領導階層運用什麼樣的經營方針，全依他們的想法而定。

【一流說服力81】薪水的分配法，如果是要引起競爭心理就用公平分配，想要鞏固團體和諧，就用平等分配法。

〈一眼就能洞察對方的待人心理戰術3〉

（從姿態可以看出對方的心理）

心理學家亞蓋爾認為，人的姿勢有各種意思存在，如果能夠懂得姿勢所傳達的訊息，那麼在交涉的場合裡，觀察對方的姿勢，一定可以輕易地看出對方的居心。

姿勢	解釋
雙手臂交抱	防衛、緊張的表現。
手腳微開	開放、容忍的表現。
身體僵硬有力感	不安、擔心的表現。
兩手交握	希望幫助。
撫摸鼻子及其四周	失言時的動作。
手腳動作多、話多	說謊。

請看上表，譬如雙手手臂交抱的姿勢，這是自我防衛的表現，保護自己或者是拒絕別人侵犯的態度。在交涉時，如果對方擺出這種姿態，只要想辦法獲得對方的認可就可以了。

而如果對方的身體顯得僵硬，不能動彈的樣子時，對方一定處於不安的狀況下，你大概是使對方感覺走投無路。所以，只要你能懂得這些秘訣，一定可以使你在商場上屢戰屢勝。

（依睡相來改變你的管理方法）

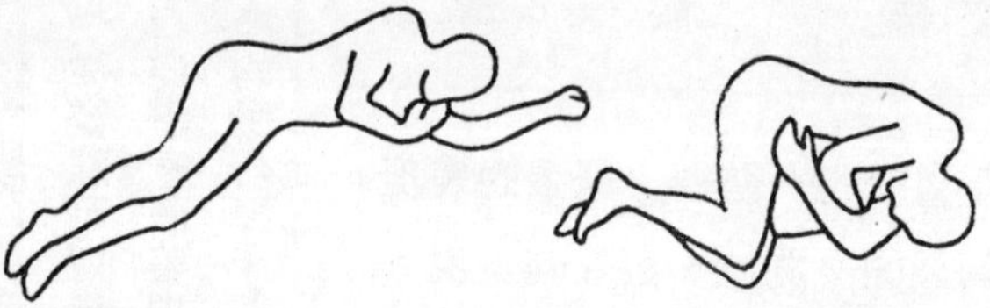

半胎兒姿勢　　胎兒姿勢

在公司旅行常中，如果你仔細地觀察一下部屬的睡相，就可以找出管理部屬的方法。也許有人認為我是在說夢話，但是心理學上有實驗證明此說法。

精神分析醫生沙密爾•丹格爾從他的臨床實例，做了患者問題與睡姿關係的報告。請參考上圖來研究你管理部屬的方法。

「**胎兒姿勢**」躲在自己的世界的典型。這是在子宮內的胎兒姿勢，在他心靈深處有一種時時需要別人保護的訴求。這種典型的人對父母的依賴性很強。

對於這種典型的部屬，上司要表現出「母愛」，在細心關心他、保護他。

「**半胎兒姿勢**」心理平衡的典型。這可以說是相當合理化的睡相，這種人在實際生活中也是最能適應環境，對事物的處理相當通達的人，而且不積壓蓄悶，予人安全感。

這種睡相的部屬，工作能夠處理得相當好，可以儘量委派命令給他。

「**伏睡姿勢**」一絲不苟的性格，不喜歡受拘束，喜歡我行

囚人姿勢　　王者姿勢　　伏睡姿勢

我素處理事情。

如果百思不解的事，他就做不來。所以，下命令的時候仔細說明直到他了解。

而且，對於意料之外的突發事件相當恐慌，在這時候必須給予幫助。這種人不會唯我獨尊，也不會扯別人後腿，所以，讓他一個人做事可以放心。

「王者姿勢」　自信滿滿，開放的性格，具有柔軟的精神。這是小時候受父母細心養育成人者，最常見的睡姿。

由於沒有吃過苦，在順利的環境下還好，一旦碰到挫折，可能一蹶不振，而且自己被忽視的時候，可能做出可怕的事情來。這種人是「任性的孩子」，當他工作不順利的時候，要激勵他、幫助他。

「囚人姿勢」　和半胎兒姿勢類似，這是因為交差的腳掌用力，所以稱為囚人姿勢。

這種睡相的人，在工作上一定有煩惱，也可以猜測是有女性方面的困擾，要把部屬叫來，解開他的心鎖。

大展出版社有限公司	圖書目錄
地址：台北市北投區11204 致遠一路二段12巷1號 郵撥： 0166955～1	電話：(02) 8236031 8236033 傳眞：(02) 8272069

• 法律專欄連載 • 電腦編號 58

台大法學院 法律學系／策劃
法律服務社／編著

①別讓您的權利睡著了[1]	200元
②別讓您的權利睡著了[2]	200元

• 秘傳占卜系列 • 電腦編號 14

①手相術	淺野八郎著	150元
②人相術	淺野八郎著	150元
③西洋占星術	淺野八郎著	150元
④中國神奇占卜	淺野八郎著	150元
⑤夢判斷	淺野八郎著	150元
⑥前世、來世占卜	淺野八郎著	150元
⑦法國式血型學	淺野八郎著	150元
⑧靈感、符咒學	淺野八郎著	150元
⑨紙牌占卜學	淺野八郎著	150元
⑩ＥＳＰ超能力占卜	淺野八郎著	150元
⑪猶太數的秘術	淺野八郎著	150元
⑫新心理測驗	淺野八郎著	160元
⑬塔羅牌預言秘法	淺野八郎著	200元

• 趣味心理講座 • 電腦編號 15

①性格測驗１	探索男與女	淺野八郎著	140元
②性格測驗２	透視人心奧秘	淺野八郎著	140元
③性格測驗３	發現陌生的自己	淺野八郎著	140元
④性格測驗４	發現你的真面目	淺野八郎著	140元
⑤性格測驗５	讓你們吃驚	淺野八郎著	140元
⑥性格測驗６	洞穿心理盲點	淺野八郎著	140元
⑦性格測驗７	探索對方心理	淺野八郎著	140元
⑧性格測驗８	由吃認識自己	淺野八郎著	160元

⑨性格測驗9	戀愛知多少	淺野八郎著	160元
⑩性格測驗10	由裝扮瞭解人心	淺野八郎著	160元
⑪性格測驗11	敲開內心玄機	淺野八郎著	140元
⑫性格測驗12	透視你的未來	淺野八郎著	160元
⑬血型與你的一生		淺野八郎著	160元
⑭趣味推理遊戲		淺野八郎著	160元
⑮行爲語言解析		淺野八郎著	160元

•婦 幼 天 地• 電腦編號16

①八萬人減肥成果	黃靜香譯	180元
②三分鐘減肥體操	楊鴻儒譯	150元
③窈窕淑女美髮秘訣	柯素娥譯	130元
④使妳更迷人	成 玉譯	130元
⑤女性的更年期	官舒妍編譯	160元
⑥胎內育兒法	李玉瓊編譯	150元
⑦早產兒袋鼠式護理	唐岱蘭譯	200元
⑧初次懷孕與生產	婦幼天地編譯組	180元
⑨初次育兒12個月	婦幼天地編譯組	180元
⑩斷乳食與幼兒食	婦幼天地編譯組	180元
⑪培養幼兒能力與性向	婦幼天地編譯組	180元
⑫培養幼兒創造力的玩具與遊戲	婦幼天地編譯組	180元
⑬幼兒的症狀與疾病	婦幼天地編譯組	180元
⑭腿部苗條健美法	婦幼天地編譯組	180元
⑮女性腰痛別忽視	婦幼天地編譯組	150元
⑯舒展身心體操術	李玉瓊編譯	130元
⑰三分鐘臉部體操	趙薇妮著	160元
⑱生動的笑容表情術	趙薇妮著	160元
⑲心曠神怡減肥法	川津祐介著	130元
⑳內衣使妳更美麗	陳玄茹譯	130元
㉑瑜伽美姿美容	黃靜香編著	180元
㉒高雅女性裝扮學	陳珮玲譯	180元
㉓蠶糞肌膚美顏法	坂梨秀子著	160元
㉔認識妳的身體	李玉瓊譯	160元
㉕產後恢復苗條體態	居理安•芙萊喬著	200元
㉖正確護髮美容法	山崎伊久江著	180元
㉗安琪拉美姿養生學	安琪拉蘭斯博瑞著	180元
㉘女體性醫學剖析	增田豐著	220元
㉙懷孕與生產剖析	岡部綾子著	180元
㉚斷奶後的健康育兒	東城百合子著	220元
㉛引出孩子幹勁的責罵藝術	多湖輝著	170元

㉜培養孩子獨立的藝術	多湖輝著	170元
㉝子宮肌瘤與卵巢囊腫	陳秀琳編著	180元
㉞下半身減肥法	納他夏・史達賓著	180元
㉟女性自然美容法	吳雅菁編著	180元
㊱再也不發胖	池園悅太郎著	170元
㊲生男生女控制術	中垣勝裕著	220元
㊳使妳的肌膚更亮麗	楊　皓編著	170元
㊴臉部輪廓變美	芝崎義夫著	180元
㊵斑點、皺紋自己治療	高須克彌著	180元
㊶面皰自己治療	伊藤雄康著	180元
㊷隨心所欲瘦身冥想法	原久子著	180元
㊸胎兒革命	鈴木丈織著	180元
㊹NS磁氣平衡法塑造窈窕奇蹟	古屋和江著	180元
㊺享瘦從腳開始	山田陽子著	180元
㊻小改變瘦４公斤	宮本裕子著	180元

・青 春 天 地・電腦編號17

①A血型與星座	柯素娥編譯	160元
②B血型與星座	柯素娥編譯	160元
③O血型與星座	柯素娥編譯	160元
④AB血型與星座	柯素娥編譯	120元
⑤青春期性教室	呂貴嵐編譯	130元
⑥事半功倍讀書法	王毅希編譯	150元
⑦難解數學破題	宋釗宜編譯	130元
⑧速算解題技巧	宋釗宜編譯	130元
⑨小論文寫作秘訣	林顯茂編譯	120元
⑪中學生野外遊戲	熊谷康編著	120元
⑫恐怖極短篇	柯素娥編譯	130元
⑬恐怖夜話	小毛驢編譯	130元
⑭恐怖幽默短篇	小毛驢編譯	120元
⑮黑色幽默短篇	小毛驢編譯	120元
⑯靈異怪談	小毛驢編譯	130元
⑰錯覺遊戲	小毛驢編譯	130元
⑱整人遊戲	小毛驢編著	150元
⑲有趣的超常識	柯素娥編譯	130元
⑳哦！原來如此	林慶旺編譯	130元
㉑趣味競賽100種	劉名揚編譯	120元
㉒數學謎題入門	宋釗宜編譯	150元
㉓數學謎題解析	宋釗宜編譯	150元
㉔透視男女心理	林慶旺編譯	120元

㉕少女情懷的自白	李桂蘭編譯	120元
㉖由兄弟姊妹看命運	李玉瓊編譯	130元
㉗趣味的科學魔術	林慶旺編譯	150元
㉘趣味的心理實驗室	李燕玲編譯	150元
㉙愛與性心理測驗	小毛驢編譯	130元
㉚刑案推理解謎	小毛驢編譯	130元
㉛偵探常識推理	小毛驢編譯	130元
㉜偵探常識解謎	小毛驢編譯	130元
㉝偵探推理遊戲	小毛驢編譯	130元
㉞趣味的超魔術	廖玉山編著	150元
㉟趣味的珍奇發明	柯素娥編著	150元
㊱登山用具與技巧	陳瑞菊編著	150元

•健康天地• 電腦編號 18

①壓力的預防與治療	柯素娥編譯	130元
②超科學氣的魔力	柯素娥編譯	130元
③尿療法治病的神奇	中尾良一著	130元
④鐵證如山的尿療法奇蹟	廖玉山譯	120元
⑤一日斷食健康法	葉慈容編譯	150元
⑥胃部強健法	陳炳崑譯	120元
⑦癌症早期檢查法	廖松濤譯	160元
⑧老人痴呆症防止法	柯素娥編譯	130元
⑨松葉汁健康飲料	陳麗芬編譯	130元
⑩揉肚臍健康法	永井秋夫著	150元
⑪過勞死、猝死的預防	卓秀貞編譯	130元
⑫高血壓治療與飲食	藤山順豐著	150元
⑬老人看護指南	柯素娥編譯	150元
⑭美容外科淺談	楊啟宏著	150元
⑮美容外科新境界	楊啟宏著	150元
⑯鹽是天然的醫生	西英司郎著	140元
⑰年輕十歲不是夢	梁瑞麟譯	200元
⑱茶料理治百病	桑野和民著	180元
⑲綠茶治病寶典	桑野和民著	150元
⑳杜仲茶養顏減肥法	西田博著	150元
㉑蜂膠驚人療效	瀨長良三郎著	180元
㉒蜂膠治百病	瀨長良三郎著	180元
㉓醫藥與生活	鄭炳全著	180元
㉔鈣長生寶典	落合敏著	180元
㉕大蒜長生寶典	木下繁太郎著	160元
㉖居家自我健康檢查	石川恭三著	160元

㉗永恒的健康人生	李秀鈴譯	200元
㉘大豆卵磷脂長生寶典	劉雪卿譯	150元
㉙芳香療法	梁艾琳譯	160元
㉚醋長生寶典	柯素娥譯	180元
㉛從星座透視健康	席拉・吉蒂斯著	180元
㉜愉悅自在保健學	野本二士夫著	160元
㉝裸睡健康法	丸山淳士等著	160元
㉞糖尿病預防與治療	藤田順豐著	180元
㉟維他命長生寶典	菅原明子著	180元
㊱維他命C新效果	鐘文訓編	150元
㊲手、腳病理按摩	堤芳朗著	160元
㊳AIDS瞭解與預防	彼得塔歇爾著	180元
㊴甲殼質殼聚糖健康法	沈永嘉譯	160元
㊵神經痛預防與治療	木下眞男著	160元
㊶室內身體鍛鍊法	陳炳崑編著	160元
㊷吃出健康藥膳	劉大器編著	180元
㊸自我指壓術	蘇燕謀編著	160元
㊹紅蘿蔔汁斷食療法	李玉瓊編著	150元
㊺洗心術健康秘法	竺翠萍編譯	170元
㊻枇杷葉健康療法	柯素娥編譯	180元
㊼抗衰血癒	楊啟宏著	180元
㊽與癌搏鬥記	逸見政孝著	180元
㊾冬蟲夏草長生寶典	高橋義博著	170元
㊿痔瘡・大腸疾病先端療法	宮島伸宜著	180元
51膠布治癒頑固慢性病	加瀨建造著	180元
52芝麻神奇健康法	小林貞作著	170元
53香煙能防止癡呆？	高田明和著	180元
54穀菜食治癌療法	佐藤成志著	180元
55貼藥健康法	松原英多著	180元
56克服癌症調和道呼吸法	帶津良一著	180元
57Ｂ型肝炎預防與治療	野村喜重郎著	180元
58青春永駐養生導引術	早島正雄著	180元
59改變呼吸法創造健康	原久子著	180元
60荷爾蒙平衡養生秘訣	出村博著	180元
61水美肌健康法	井戶勝富著	170元
62認識食物掌握健康	廖梅珠編著	170元
63痛風劇痛消除法	鈴木吉彥著	180元
64酸莖菌驚人療效	上田明彥著	180元
65大豆卵磷脂治現代病	神津健一著	200元
66時辰療法——危險時刻凌晨4時	呂建強等著	180元
67自然治癒力提升法	帶津良一著	180元

⑱巧妙的氣保健法	藤平墨子著	180元
⑲治癒C型肝炎	熊田博光著	180元
⑳肝臟病預防與治療	劉名揚編著	180元
㉑腰痛平衡療法	荒井政信著	180元
㉒根治多汗症、狐臭	稻葉益巳著	220元
㉓40歲以後的骨質疏鬆症	沈永嘉譯	180元
㉔認識中藥	松下一成著	180元
㉕認識氣的科學	佐佐木茂美著	180元
㉖我戰勝了癌症	安田伸著	180元
㉗斑點是身心的危險信號	中野進著	180元
㉘艾波拉病毒大震撼	玉川重德著	180元
㉙重新還我黑髮	桑名隆一郎著	180元
㉚身體節律與健康	林博史著	180元
㉛生薑治萬病	石原結實著	180元
㉜靈芝治百病	陳瑞東著	180元
㉝木炭驚人的威力	大槻彰著	200元
㉞認識活性氧	井土貴司著	180元
㉟深海鮫治百病	廖玉山編著	180元
㊱神奇的蜂王乳	井上丹治著	180元

•實用女性學講座•電腦編號 19

①解讀女性內心世界	島田一男著	150元
②塑造成熟的女性	島田一男著	150元
③女性整體裝扮學	黃靜香編著	180元
④女性應對禮儀	黃靜香編著	180元
⑤女性婚前必修	小野十傳著	200元
⑥徹底瞭解女人	田口二州著	180元
⑦拆穿女性謊言88招	島田一男著	200元
⑧解讀女人心	島田一男著	200元
⑨俘獲女性絕招	志賀貢著	200元

•校園系列•電腦編號 20

①讀書集中術	多湖輝著	150元
②應考的訣竅	多湖輝著	150元
③輕鬆讀書贏得聯考	多湖輝著	150元
④讀書記憶秘訣	多湖輝著	150元
⑤視力恢復！超速讀術	江錦雲譯	180元
⑥讀書36計	黃柏松編著	180元
⑦驚人的速讀術	鐘文訓編著	170元

⑧學生課業輔導良方	多湖輝著	180元
⑨超速讀超記憶法	廖松濤編著	180元
⑩速算解題技巧	宋釗宜編著	200元
⑪看圖學英文	陳炳崑編著	200元

・實用心理學講座・電腦編號 21

①拆穿欺騙伎倆	多湖輝著	140元
②創造好構想	多湖輝著	140元
③面對面心理術	多湖輝著	160元
④偽裝心理術	多湖輝著	140元
⑤透視人性弱點	多湖輝著	140元
⑥自我表現術	多湖輝著	180元
⑦不可思議的人性心理	多湖輝著	180元
⑧催眠術入門	多湖輝著	150元
⑨責罵部屬的藝術	多湖輝著	150元
⑩精神力	多湖輝著	150元
⑪厚黑說服術	多湖輝著	150元
⑫集中力	多湖輝著	150元
⑬構想力	多湖輝著	150元
⑭深層心理術	多湖輝著	160元
⑮深層語言術	多湖輝著	160元
⑯深層說服術	多湖輝著	180元
⑰掌握潛在心理	多湖輝著	160元
⑱洞悉心理陷阱	多湖輝著	180元
⑲解讀金錢心理	多湖輝著	180元
⑳拆穿語言圈套	多湖輝著	180元
㉑語言的內心玄機	多湖輝著	180元
㉒積極力	多湖輝著	180元

・超現實心理講座・電腦編號 22

①超意識覺醒法	詹蔚芬編譯	130元
②護摩秘法與人生	劉名揚編譯	130元
③秘法！超級仙術入門	陸　明譯	150元
④給地球人的訊息	柯素娥編著	150元
⑤密教的神通力	劉名揚編著	130元
⑥神秘奇妙的世界	平川陽一著	180元
⑦地球文明的超革命	吳秋嬌譯	200元
⑧力量石的秘密	吳秋嬌譯	180元
⑨超能力的靈異世界	馬小莉譯	200元

㉔抗老功	陳九鶴著	230元

・社會人智囊・電腦編號 24

①糾紛談判術	清水增三著	160元
②創造關鍵術	淺野八郎著	150元
③觀人術	淺野八郎著	180元
④應急詭辯術	廖英迪編著	160元
⑤天才家學習術	木原武一著	160元
⑥猫型狗式鑑人術	淺野八郎著	180元
⑦逆轉運掌握術	淺野八郎著	180元
⑧人際圓融術	澀谷昌三著	160元
⑨解讀人心術	淺野八郎著	180元
⑩與上司水乳交融術	秋元隆司著	180元
⑪男女心態定律	小田晉著	180元
⑫幽默說話術	林振輝編著	200元
⑬人能信賴幾分	淺野八郎著	180元
⑭我一定能成功	李玉瓊譯	180元
⑮獻給青年的嘉言	陳蒼杰譯	180元
⑯知人、知面、知其心	林振輝編著	180元
⑰塑造堅強的個性	坂上肇著	180元
⑱爲自己而活	佐藤綾子著	180元
⑲未來十年與愉快生活有約	船井幸雄著	180元
⑳超級銷售話術	杜秀卿譯	180元
㉑感性培育術	黃靜香編著	180元
㉒公司新鮮人的禮儀規範	蔡媛惠譯	180元
㉓傑出職員鍛鍊術	佐佐木正著	180元
㉔面談獲勝戰略	李芳黛譯	180元
㉕金玉良言撼人心	森純大著	180元
㉖男女幽默趣典	劉華亭編著	180元
㉗機智說話術	劉華亭編著	180元
㉘心理諮商室	柯素娥譯	180元
㉙如何在公司崢嶸頭角	佐佐木正著	180元
㉚機智應對術	李玉瓊編著	200元
㉛克服低潮良方	坂野雄二著	180元
㉜智慧型說話技巧	沈永嘉編著	180元
㉝記憶力、集中力增進術	廖松濤編著	180元
㉞女職員培育術	林慶旺編著	180元
㉟自我介紹與社交禮儀	柯素娥編著	180元
㊱積極生活創幸福	田中真澄著	180元
㊲妙點子超構想	多湖輝著	180元

•精 選 系 列•電腦編號25

①毛澤東與鄧小平	渡邊利夫等著	280元
②中國大崩裂	江戶介雄著	180元
③台灣・亞洲奇蹟	上村幸治著	220元
④7-ELEVEN高盈收策略	國友隆一著	180元
⑤台灣獨立（新・中國日本戰爭一）	森　詠著	200元
⑥迷失中國的末路	江戶雄介著	220元
⑦2000年5月全世界毀滅	紫藤甲子男著	180元
⑧失去鄧小平的中國	小島朋之著	220元
⑨世界史爭議性異人傳	桐生操著	200元
⑩淨化心靈享人生	松濤弘道著	220元
⑪人生心情診斷	賴藤和寬著	220元
⑫中美大決戰	檜山良昭著	220元
⑬黃昏帝國美國	莊雯琳譯	220元
⑭兩岸衝突（新・中國日本戰爭二）	森　詠著	220元
⑮封鎖台灣（新・中國日本戰爭三）	森　詠著	220元
⑯中國分裂（新・中國日本戰爭四）	森　詠著	220元

•運 動 遊 戲•電腦編號26

①雙人運動	李玉瓊譯	160元
②愉快的跳繩運動	廖玉山譯	180元
③運動會項目精選	王佑京譯	150元
④肋木運動	廖玉山譯	150元
⑤測力運動	王佑宗譯	150元

•休 閒 娛 樂•電腦編號27

①海水魚飼養法	田中智浩著	300元
②金魚飼養法	曾雪玫譯	250元
③熱門海水魚	毛利匡明著	480元
④愛犬的教養與訓練	池田好雄著	250元
⑤狗教養與疾病	杉浦哲著	220元
⑥小動物養育技巧	三上昇著	300元

•銀髮族智慧學•電腦編號28

①銀髮六十樂逍遙	多湖輝著	170元
②人生六十反年輕	多湖輝著	170元

③六十歲的決斷　多湖輝著　170元
④銀髮族健身指南　孫瑞台編著　250元

・飲 食 保 健・電腦編號 29

①自己製作健康茶　大海淳著　220元
②好吃、具藥效茶料理　德永睦子著　220元
③改善慢性病健康藥草茶　吳秋嬌譯　200元
④藥酒與健康果菜汁　成玉編著　250元
⑤家庭保健養生湯　馬汴梁編著　220元
⑥降低膽固醇的飲食　早川和志著　200元
⑦女性癌症的飲食　女子營養大學　280元
⑧痛風者的飲食　女子營養大學　280元
⑨貧血者的飲食　女子營養大學　280元
⑩高脂血症者的飲食　女子營養大學　280元

・家庭醫學保健・電腦編號 30

①女性醫學大全　雨森良彥著　380元
②初為人父育兒寶典　小瀧周曹著　220元
③性活力強健法　相建華著　220元
④30歲以上的懷孕與生產　李芳黛編著　220元
⑤舒適的女性更年期　野末悅子著　200元
⑥夫妻前戲的技巧　笠井寬司著　200元
⑦病理足穴按摩　金慧明著　220元
⑧爸爸的更年期　河野孝旺著　200元
⑨橡皮帶健康法　山田晶著　180元
⑩33天健美減肥　相建華等著　180元
⑪男性健美入門　孫玉祿編著　180元
⑫強化肝臟秘訣　主婦の友社編　200元
⑬了解藥物副作用　張果馨譯　200元
⑭女性醫學小百科　松山榮吉著　200元
⑮左轉健康法　龜田修等著　200元
⑯實用天然藥物　鄭炳全編著　260元
⑰神秘無痛平衡療法　林宗駛著　180元
⑱膝蓋健康法　張果馨譯　180元
⑲針灸治百病　葛書翰著　250元
⑳異位性皮膚炎治癒法　吳秋嬌譯　220元
㉑禿髮白髮預防與治療　陳炳崑編著　180元
㉒埃及皇宮菜健康法　飯森薰著　200元
㉓肝臟病安心治療　上野幸久著　220元

㉔耳穴治百病	陳抗美等著	250元
㉕高效果指壓法	五十嵐康彥著	200元
㉖瘦水、胖水	鈴木園子著	200元
㉗手針新療法	朱振華著	200元
㉘香港腳預防與治療	劉小惠譯	200元
㉙智慧飲食吃出健康	柯富陽編著	200元
㉚牙齒保健法	廖玉山編著	200元

・超經營新智慧・電腦編號 31

①躍動的國家越南	林雅倩譯	250元
②甦醒的小龍菲律賓	林雅倩譯	220元

・心 靈 雅 集・電腦編號 00

①禪言佛語看人生	松濤弘道著	180元
②禪密教的奧秘	葉逯謙譯	120元
③觀音大法力	田口日勝著	120元
④觀音法力的大功德	田口日勝著	120元
⑤達摩禪106智慧	劉華亭編譯	220元
⑥有趣的佛教研究	葉逯謙編譯	170元
⑦夢的開運法	蕭京凌譯	130元
⑧禪學智慧	柯素娥編譯	130元
⑨女性佛教入門	許俐萍譯	110元
⑩佛像小百科	心靈雅集編譯組	130元
⑪佛教小百科趣談	心靈雅集編譯組	120元
⑫佛教小百科漫談	心靈雅集編譯組	150元
⑬佛教知識小百科	心靈雅集編譯組	150元
⑭佛學名言智慧	松濤弘道著	220元
⑮釋迦名言智慧	松濤弘道著	220元
⑯活人禪	平田精耕著	120元
⑰坐禪入門	柯素娥編譯	150元
⑱現代禪悟	柯素娥編譯	130元
⑲道元禪師語錄	心靈雅集編譯組	130元
⑳佛學經典指南	心靈雅集編譯組	130元
㉑何謂「生」 阿含經	心靈雅集編譯組	150元
㉒一切皆空 般若心經	心靈雅集編譯組	150元
㉓超越迷惘 法句經	心靈雅集編譯組	180元
㉔開拓宇宙觀 華嚴經	心靈雅集編譯組	180元
㉕真實之道 法華經	心靈雅集編譯組	130元
㉖自由自在 涅槃經	心靈雅集編譯組	130元

㉗沈默的教示　維摩經	心靈雅集編譯組	150元
㉘開通心眼　佛語佛戒	心靈雅集編譯組	130元
㉙揭秘寶庫　密教經典	心靈雅集編譯組	180元
㉚坐禪與養生	廖松濤譯	110元
㉛釋尊十戒	柯素娥編譯	120元
㉜佛法與神通	劉欣如編著	120元
㉝悟（正法眼藏的世界）	柯素娥編譯	120元
㉞只管打坐	劉欣如編著	120元
㉟喬答摩・佛陀傳	劉欣如編著	120元
㊱唐玄奘留學記	劉欣如編著	120元
㊲佛教的人生觀	劉欣如編譯	110元
㊳無門關（上卷）	心靈雅集編譯組	150元
㊴無門關（下卷）	心靈雅集編譯組	150元
㊵業的思想	劉欣如編著	130元
㊶佛法難學嗎	劉欣如著	140元
㊷佛法實用嗎	劉欣如著	140元
㊸佛法殊勝嗎	劉欣如著	140元
㊹因果報應法則	李常傳編	180元
㊺佛教醫學的奧秘	劉欣如編著	150元
㊻紅塵絕唱	海　若著	130元
㊼佛教生活風情	洪丕謨、姜玉珍著	220元
㊽行住坐臥有佛法	劉欣如著	160元
㊾起心動念是佛法	劉欣如著	160元
㊿四字禪語	曹洞宗青年會	200元
51妙法蓮華經	劉欣如編著	160元
52根本佛教與大乘佛教	葉作森編	180元
53大乘佛經	定方晟著	180元
54須彌山與極樂世界	定方晟著	180元
55阿闍世的悟道	定方晟著	180元
56金剛經的生活智慧	劉欣如著	180元

・經　營　管　理・電腦編號 01

◎創新經營管理六十六大計（精）	蔡弘文編	780元
①如何獲取生意情報	蘇燕謀譯	110元
②經濟常識問答	蘇燕謀譯	130元
④台灣商戰風雲錄	陳中雄著	120元
⑤推銷大王秘錄	原一平著	180元
⑥新創意・賺大錢	王家成譯	90元
⑦工廠管理新手法	琪　輝著	120元
⑨經營參謀	柯順隆譯	120元

⑩美國實業24小時	柯順隆譯	80元
⑪撼動人心的推銷法	原一平著	150元
⑫高竿經營法	蔡弘文編	120元
⑬如何掌握顧客	柯順隆譯	150元
⑰一流的管理	蔡弘文編	150元
⑱外國人看中韓經濟	劉華亭譯	150元
⑳突破商場人際學	林振輝編著	90元
㉒如何使女人打開錢包	林振輝編著	100元
㉔小公司經營策略	王嘉誠著	160元
㉕成功的會議技巧	鐘文訓編譯	100元
㉖新時代老闆學	黃柏松編著	100元
㉗如何創造商場智囊團	林振輝編譯	150元
㉘十分鐘推銷術	林振輝編譯	180元
㉙五分鐘育才	黃柏松編譯	100元
㉝自我經濟學	廖松濤編譯	100元
㉞一流的經營	陶田生編著	120元
㉟女性職員管理術	王昭國編譯	120元
㊱ＩＢＭ的人事管理	鐘文訓編譯	150元
㊲現代電腦常識	王昭國編譯	150元
㊳電腦管理的危機	鐘文訓編譯	120元
㊴如何發揮廣告效果	王昭國編譯	150元
㊵最新管理技巧	王昭國編譯	150元
㊶一流推銷術	廖松濤編譯	150元
㊷包裝與促銷技巧	王昭國編譯	130元
㊸企業王國指揮塔	松下幸之助著	120元
㊹企業精銳兵團	松下幸之助著	120元
㊺企業人事管理	松下幸之助著	100元
㊻華僑經商致富術	廖松濤編譯	130元
㊼豐田式銷售技巧	廖松濤編譯	180元
㊽如何掌握銷售技巧	王昭國編著	130元
㊿洞燭機先的經營	鐘文訓編譯	150元
52新世紀的服務業	鐘文訓編譯	100元
53成功的領導者	廖松濤編譯	120元
54女推銷員成功術	李玉瓊編譯	130元
55ＩＢＭ人才培育術	鐘文訓編譯	100元
56企業人自我突破法	黃琪輝編著	150元
58財富開發術	蔡弘文編著	130元
59成功的店舖設計	鐘文訓編著	150元
61企管回春法	蔡弘文編著	130元
62小企業經營指南	鐘文訓編譯	100元
63商場致勝名言	鐘文訓編譯	150元

⑭迎接商業新時代	廖松濤編譯	100元
⑯新手股票投資入門	何朝乾　編	200元
⑰上揚股與下跌股	何朝乾編譯	180元
⑱股票速成學	何朝乾編譯	200元
⑲理財與股票投資策略	黃俊豪編著	180元
⑳黃金投資策略	黃俊豪編著	180元
⑴厚黑管理學	廖松濤編譯	180元
⑵股市致勝格言	呂梅莎編譯	180元
⑶透視西武集團	林谷燁編譯	150元
⑹巡迴行銷術	陳蒼杰譯	150元
⑺推銷的魔術	王嘉誠譯	120元
⑻60秒指導部屬	周蓮芬編譯	150元
⑼精銳女推銷員特訓	李玉瓊編譯	130元
⑽企劃、提案、報告圖表的技巧	鄭　汶　譯	180元
⑾海外不動產投資	許達守編譯	150元
⑿八百件的世界策略	李玉瓊譯	150元
⒀服務業品質管理	吳宜芬譯	180元
⒁零庫存銷售	黃東謙編譯	150元
⒂三分鐘推銷管理	劉名揚編譯	150元
⒃推銷大王奮鬥史	原一平著	150元
⒄豐田汽車的生產管理	林谷燁編譯	150元

・成功寶庫・電腦編號 02

①上班族交際術	江森滋著	100元
②拍馬屁訣竅	廖玉山編譯	110元
④聽話的藝術	歐陽輝編譯	110元
⑨求職轉業成功術	陳　義編著	110元
⑩上班族禮儀	廖玉山編著	120元
⑪接近心理學	李玉瓊編著	100元
⑫創造自信的新人生	廖松濤編著	120元
⑮神奇瞬間瞑想法	廖松濤編譯	100元
⑯人生成功之鑰	楊意苓編著	150元
⑲給企業人的諍言	鐘文訓編著	120元
⑳企業家自律訓練法	陳　義編譯	100元
㉑上班族妖怪學	廖松濤編著	100元
㉒猶太人縱橫世界的奇蹟	孟佑政編著	110元
㉕你是上班族中強者	嚴思圖編著	100元
㉚成功頓悟100則	蕭京凌編譯	130元
㉜知性幽默	李玉瓊編譯	130元
㉝熟記對方絕招	黃靜香編譯	100元

㊲察言觀色的技巧	劉華亭編著	180元
㊳一流領導力	施義彥編譯	120元
㊵30秒鐘推銷術	廖松濤編譯	150元
㊶猶太成功商法	周蓮芬編譯	120元
㊷尖端時代行銷策略	陳蒼杰編著	100元
㊸顧客管理學	廖松濤編著	100元
㊹如何使對方說Yes	程　羲編著	150元
㊼上班族口才學	楊鴻儒譯	120元
㊽上班族新鮮人須知	程　羲編著	120元
㊾如何左右逢源	程　羲編著	130元
㊿語言的心理戰	多湖輝著	130元
55性惡企業管理學	陳蒼杰譯	130元
56自我啟發200招	楊鴻儒編著	150元
57做個傑出女職員	劉名揚編著	130元
58靈活的集團營運術	楊鴻儒編著	120元
60個案研究活用法	楊鴻儒編著	130元
61企業教育訓練遊戲	楊鴻儒編著	120元
62管理者的智慧	程　義編譯	130元
63做個佼佼管理者	馬筱莉編譯	130元
67活用禪學於企業	柯素娥編譯	130元
69幽默詭辯術	廖玉山編譯	150元
70拿破崙智慧箴言	柯素娥編譯	130元
71自我培育・超越	蕭京凌編譯	150元
74時間即一切	沈永嘉編譯	130元
75自我脫胎換骨	柯素娥譯	150元
76贏在起跑點—人才培育鐵則	楊鴻儒編譯	150元
77做一枚活棋	李玉瓊編譯	130元
78面試成功戰略	柯素娥編譯	130元
81瞬間攻破心防法	廖玉山編譯	120元
82改變一生的名言	李玉瓊編譯	130元
83性格性向創前程	楊鴻儒編譯	130元
84訪問行銷新竅門	廖玉山編譯	150元
85無所不達的推銷話術	李玉瓊編譯	150元

・處 世 智 慧・電腦編號03

①如何改變你自己	陸明編譯	120元
⑥靈感成功術	譚繼山編譯	80元
⑧扭轉一生的五分鐘	黃柏松編譯	100元
⑩現代人的詭計	林振輝譯	100元
⑫如何利用你的時間	蘇遠謀譯	80元

⑬口才必勝術	黃柏松編譯	120元
⑭女性的智慧	譚繼山編譯	90元
⑯人生的體驗	陸明編譯	80元
⑱幽默吹牛術	金子登著	90元
⑲攻心說服術	多湖輝著	100元
⑳當機立斷	陸明編譯	70元
㉒如何交朋友	安紀芳編著	70元
㉔慧心良言	亦　奇著	80元
㉕名家慧語	蔡逸鴻主編	90元
㉘如何發揮你的潛能	陸明編譯	90元
㉙女人身態語言學	李常傳譯	130元
㉚摸透女人心	張文志譯	90元
㉜給女人的悄悄話	妮倩編譯	90元
㉞如何開拓快樂人生	陸明編譯	90元
㊱成功的捷徑	鐘文訓譯	70元
㊲幽默逗笑術	林振輝著	120元
㊳活用血型讀書法	陳炳崑譯	80元
㊴心　燈	葉于模著	100元
㊵當心受騙	林顯茂譯	90元
㊶心・體・命運	蘇燕謀譯	70元
㊷如何使頭腦更敏銳	陸明編譯	70元
㊸宮本武藏五輪書金言錄	宮本武藏著	100元
㊼成熟的愛	林振輝譯	120元
㊽現代女性駕馭術	蔡德華著	90元
㊾禁忌遊戲	酒井潔著	90元
㊾摸透男人心	劉華亭編譯	80元
㊾如何達成願望	謝世輝著	90元
㊾創造奇蹟的「想念法」	謝世輝著	90元
㊾創造成功奇蹟	謝世輝著	90元
㊾幻想與成功	廖松濤譯	80元
㊾反派角色的啟示	廖松濤編譯	70元
㊾現代女性須知	劉華亭編著	75元
㊾如何突破內向	姜倩怡編譯	110元
㊾讀心術入門	王家成編譯	100元
㊾如何解除內心壓力	林美羽編著	110元
㊾取信於人的技巧	多湖輝著	110元
㊾自我能力的開拓	卓一凡編著	110元
㊾縱橫交涉術	嚴思圖編著	90元
㊾如何培養妳的魅力	劉文珊編著	90元
㊾魅力的力量	姜倩怡編著	90元
㊾個性膽怯者的成功術	廖松濤編譯	100元

⑯人性的光輝	文可式編著	90元
⑲培養靈敏頭腦秘訣	廖玉山編著	90元
⑳夜晚心理術	鄭秀美編譯	80元
㉑如何做個成熟的女性	李玉瓊編著	80元
㉒現代女性成功術	劉文珊編著	90元
㉓成功說話技巧	梁惠珠編譯	100元
㉔人生的真諦	鐘文訓編譯	100元
㉕妳是人見人愛的女孩	廖松濤編著	120元
㉗指尖・頭腦體操	蕭京凌編譯	90元
㉘電話應對禮儀	蕭京凌編著	120元
㉙自我表現的威力	廖松濤編譯	100元
㉚名人名語啟示錄	喬家楓編著	100元
㉛男與女的哲思	程鐘梅編譯	110元
㉜靈思慧語	牧　風著	110元
㉝心靈夜語	牧　風著	100元
㉞激盪腦力訓練	廖松濤編譯	100元
㉟三分鐘頭腦活性法	廖玉山編譯	110元
㊱星期一的智慧	廖玉山編譯	100元
㊲溝通說服術	賴文琇編譯	100元

・健康與美容・電腦編號 04

③媚酒傳（中國王朝秘酒）	陸明主編	120元
⑤中國回春健康術	蔡一藩著	100元
⑥奇蹟的斷食療法	蘇燕謀譯	130元
⑧健美食物法	陳炳崑譯	120元
⑨驚異的漢方療法	唐龍編著	90元
⑩不老強精食	唐龍編著	100元
⑫五分鐘跳繩健身法	蘇明達譯	100元
⑬睡眠健康法	王家成譯	80元
⑭你就是名醫	張芳明譯	90元
⑲釋迦長壽健康法	譚繼山譯	90元
⑳腳部按摩健康法	譚繼山譯	120元
㉑自律健康法	蘇明達譯	90元
㉓身心保健座右銘	張仁福著	160元
㉔腦中風家庭看護與運動治療	林振輝譯	100元
㉕秘傳醫學人相術	成玉主編	120元
㉖導引術入門(1)治療慢性病	成玉主編	110元
㉗導引術入門(2)健康・美容	成玉主編	110元
㉘導引術入門(3)身心健康法	成玉主編	110元
㉙妙用靈藥・蘆薈	李常傳譯	150元

國家圖書館出版品預行編目資料

一流說服力/李玉瓊著．—2版．—臺北市
：大展，民87
面；21公分，——（社會人智囊；39）
ISBN 957-557-807-4（平裝）

1.談判（心理學)2.溝通 3.口才

177.1　　　　87002983

ISBN 957-557-807-4

一流說服力

編 著 者／李 玉 瓊
發 行 人／蔡 森 明
出 版 者／大展出版社有限公司
社　　址／台北市北投區（石牌）致遠一路二段12巷1號
電　　話／(02) 28236031・28236033
傳　　眞／(02) 28272069
郵政劃撥／0166955－1
登 記 證／局版臺業字第2171號
承 印 者／國順圖書印刷公司
裝　　訂／嶸興裝訂有限公司
排 版 者／千兵企業有限公司
電　　話／(02) 28812643
初版1刷／1991年（民80年）8月
2版1刷／1998年（民87年）5月

定　價／180元

大展好書 好書大展